Reinhardt | Vampire. 100 Seiten

* Reclam 100 Seiten *

GUNTHER REINHARDT, geb. 1967, ist Themenkoordinator Freizeit & Unterhaltung der *Stuttgarter Zeitung / Stuttgarter Nachrichten* und ständiger Mitarbeiter beim *Rolling Stone*; er schreibt vor allem über Phänomene der Popkultur.

Gunther Reinhardt

Vampire. 100 Seiten

RECLAM

2. Auflage

2018, 2024 Philipp Reclam jun. Verlag GmbH,
Siemensstraße 32, 71254 Ditzingen
Umschlaggestaltung: Philipp Reclam jun. Verlag GmbH
nach einem Konzept von zero-media.net
Infografiken (S. 68 f., 96 f.): Infographics Group GmbH
Bildnachweis: S. 3 Imago / ZUMA Press; S. 26 Courier de l'Europe 10/1784; S. 44, 61 Wikimedia Commons; S. 66 mauritius images / Screen Prod; S. 90 Sony Pictures Entertainment
Umschlagmaterial: Creative Print, Schabert
Druck und Bindung: Esser printSolutions GmbH,
Untere Sonnenstraße 5, 84030 Ergolding
Printed in Germany 2024
RECLAM ist eine eingetragene Marke
der Philipp Reclam jun. GmbH & Co. KG, Stuttgart
ISBN 978-3-15-020458-0

Auch als E-Book erhältlich

www.reclam.de

Für mehr Informationen zur 100-Seiten-Reihe:
www.reclam.de/100Seiten

Inhalt

Dracula jagt Mini-Mädchen

Sie kamen nachts und sie kamen in Schwarzweiß. Irgendwo in einem Kinderzimmer in der schwäbischen Provinz lehrten sie einem Jungen, der an diesem Abend zu lange aufgeblieben war, das Fürchten. Warum hatten ihm seine Eltern nur einen eigenen Fernseher ins Zimmer gestellt? Ihn, obwohl er noch zur Grundschule ging, jetzt mit dieser Gruselmaschine allein gelassen? *Dracula jagt Mini-Mädchen.* So hieß der Vampirfilm. Sein erster Vampirfilm. Die Mattscheibe des TV-Geräts war zwar klein und musste das Rot des Blutes noch mühsam in Grautöne übersetzen. Doch das reichte für eine Nacht des Schreckens. Obwohl er die meiste Zeit wegschaute, sich unter einem Kissen vergrub, nur immer wieder vorsichtig hervorschielte. Als Dracula endlich aufgespießt war, sich erst in ein ekliges Skelett und dann in Staub verwandelte, konnte der Junge trotzdem nicht schlafen. War der Vampir wirklich für alle Zeiten vernichtet? Weil kein Knoblauch oder Weihwasser zur Hand war, ließ er das Licht an und das Radio den schlimmen langen Rest der Nacht laufen. Doch am nächsten Tag auf dem Schulhof war er der Held. Er hatte zwar nicht selbst Dracula, den Fürsten der Finsternis, besiegt, hatte ihm nicht mit eigener Kraft einen Pfahl ins Herz gerammt, ihn der Sonne ausgesetzt, ihn brennen oder ertrinken lassen oder ihm wie dieser Dr. van Helsing mit einem Spaten den Rest gegeben. Es genügte aber, seinen Mitschülern von diesem überstandenen Vampirfilm zu berichten, um als tollkühn und furchtlos zu gelten. Zumindest eine große Pause lang.

Natürlich ließe sich heute mehr Eindruck schinden, wenn ich behaupten könnte, dass ich das erste Mal einem Vampir bei der Lektüre von John Polidori, Sheridan Le Fanu oder Bram Stoker begegnet wäre, beim Schauen der Filmklassiker von Friedrich Murnau oder Tod Browning. Doch so läuft die »Vampir-Sozialisation« in der Regel nicht ab. Seit dem 19. Jahrhundert versorgt die Unterhaltungsindustrie jede Generation eifrig mit Trash- und Trivial-Vampiren. Für mich war es irgendeine Wiederholung des von dem britischen Schundspezialisten Hammer Films produzierten Streifens *Dracula jagt Mini-Mädchen* aus dem Jahr 1972. Für frühere Generationen waren es die Schauermelodramen, die Mitte des 19. Jahrhunderts die europäischen Bühnen überschwemmten, oder die *penny dreadfuls*, die Grusel-Groschenromane, die folgten. Anderen ist der Blutsauger vielleicht das erste Mal in der Trickfilmreihe *Graf Duckula*, in Kinderbüchern wie *Der kleine Vampir* oder in zahnlosen Teenie-Romanzen wie *Vampire Diaries*, *Twilight* oder *House of Night* begegnet.

Der berühmteste Vampir ist zwar immer noch der transsilvanische Graf Dracula aus Bram Stokers Klassiker – jener Graf also, den später Bela Lugosi und Christopher Lee zu einer Gruselmarke machten –, doch Dracula hat inzwischen zahllose Nachfolger gefunden, die Lestat de Lioncourt, Edward Cullen, Rüdiger von Schlotterstein, Damon Salvatore, Zoey Redbird, Selene, Spike, Blade oder Graf Zahl heißen, und die mal in einer kindlich-spaßigen, mal in einer kitschig-pubertären, mal

Der berühmteste aller Vampire: Bela Lugosi als Graf Dracula mit Helen Chandler als Mina Seward in Tod Brownings Film *Dracula* aus dem Jahr 1931.

in einer düster-erwachsenen Vampirwelt zu Hause sind. Der Vampir hat sich seit dem 18. Jahrhundert immer weiter ausgebreitet und dabei mehrere Metamorphosen erlebt: Erst war er mythisch-folkloristisches Grabgespenst, dann Objekt wissenschaftlich-publizistischer Diskussionen und Polemiken, er verwandelte sich in eine literarische und in eine filmische Figur, wurde schließlich zum Superstar der Popkultur.

Wie es dazu gekommen ist, erzählt dieses Buch. Es verfolgt den Vampir zurück in das Jahr 1725, als die Leiche eines serbischen Bauern namens Peter Plogojowitz gepfählt und verbrannt wird und erstmals das slawische Lehnwort *Vampyri* in einem historischen Bericht auftaucht. Es lässt ihn nicht aus den Augen, als sich im 18. Jahrhundert das »Vampirfieber« auf der europäischen Landkarte ausbreitet und sich der Blutsauger bald schon als politische Metapher verkleidet. Es schaut genau hin, wie der Vampir in der Romantik als (Anti-)Held Karriere macht, wie er im 19. Jahrhundert in John Polidoris Kurzgeschichte *Der Vampyr*, Joseph Sheridan Le Fanus Novelle *Carmilla* und Bram Stokers Roman *Dracula* zum Bestseller wird. Es blickt staunend auf die vielfältigen Verwandlungen, die der Vampir im 20. und 21. Jahrhundert in Filmen, Romanen und TV-Serien erlebt hat und weiterhin erlebt. Und es zeigt, dass sich der Blutsauger nun auch in Lovestorys, Coming-of-Age-Dramen, Science-Fiction-Thrillern, Komödien, Kampfsport- oder Actionspektakeln heimisch fühlt und dass die literarischen und filmischen Vereinnahmungen des Vampirmythos, egal wie weit sie sich ins Fantastische wagen, stets auch etwas über die Zeit verraten, in der sie entstanden sind.

Zwar kommen viele Bücher, Filme und TV-Serien in diesem Band vor – Stephen Kings *Brennen muss Salem* und Anne Rice' *Chronik der Vampire* ebenso wie Stephenie Meyers *Twilight*-

Saga, Roman Polanskis *Tanz der Vampire* oder Joss Whedons *Buffy – Im Bann der Dämonen*; den Vampir in allen seinen Verstecken aufzustöbern ist aber unmöglich: Dazu gibt es inzwischen zu viele. Schon der kleine Junge, den *Dracula jagt Mini-Mädchen* das Fürchten lehrte, wusste: Ihn einmal in Staub zu verwandeln, reicht garantiert nicht aus, um einen Vampir totzukriegen.

Vampire tun so was: Typologie eines europäischen Monsters

Der Vampir als Mythenmix

Falls Sie diesen Band gekauft haben, weil Sie bei dem Titel *Vampire* auf ein zoologisches Handbuch getippt haben, muss ich Sie enttäuschen. Hier geht es nicht um eine Fledermausart, die auf dem amerikanischen Kontinent heimisch ist, sondern um einen in Europa entstandenen Mythos. Die Vampirfledermäuse (Desmodontinae) sind zwar nachtaktiv und die einzigen Säugetiere, die sich vom Blut anderer Lebewesen ernähren, – aber wenn sie gefürchtet werden, dann nicht, weil ihr Biss tödlich wäre (ist er nämlich nicht), sondern weil sie Krankheiten übertragen können. Sie sind auch nicht wirklich Blutsauger, sondern sie ritzen mit ihren scharfen Zähnen die Haut ihrer Opfer auf und lecken dann deren Blut. Warum nennt man sie dann Vampire? Weil Biologen Humor haben. Auch für ein Protein im Speichel einer südamerikanischen Fledermausart haben sie den Namen vom Nachtgespenst aus den Schauergeschichten geborgt und es Draculin getauft. Nerds lieben solche Scherze.

Sie werden in diesem Buch auch nichts über Batman lesen. Obwohl sich dieser Comicheld nachts gerne in ein Fledermauskostüm zwängt, ist er kein Vampir und will auch keiner sein. Einziger Berührungspunkt zur Vampirmythologie ist eine Graphic-Novel-Trilogie von Doug Moench und Kelley Jones, die aus den Bänden *Red Rain* (1991), *Bloodstorm* (1994) und *Crimson Mist* (1999) besteht, in der Batman auf Dracula trifft und in einen Vampir verwandelt wird.

Außerdem werden Sie hier nichts über uralte Vampirlegenden erfahren. Die gibt es nämlich nicht. Der Vampir, wie wir ihn heute kennen, ist kein Dämon, der altertümlichen Überlieferungen entsprungen ist, sondern eine Erfindung des 18. Jahrhunderts, also der Frühmoderne. Er ist ein Monster, das davon zehrt, dass sich die Welt in einem immer schneller werdenden sozialen Transformationsprozess befindet, ein Ungeheuer, dessen Wesen von Verwandlung und Eroberung bestimmt ist.

Zwar werden gerne antike Mythen hervorgezerrt, die vampirähnliche Heimsuchungen andeuten: die babylonische Gottheit Lilith, der Maya-Fledermausgott Camazotz, der Ghul Aswang der philippinischen Mythologie. Natürlich kann man bei archaischen Dämonenmythen oder Einverleibungsritualen, bei denen es mal um das Trinken des Bluts, mal um Kannibalismus geht, Aspekte des Vampirmythos entdecken. Auch lassen sich Parallelen zwischen dem Vampirismus und dem mittelalterlichen Nachzehrer- und Wiedergänger-Glauben, der vor allem im slawischen Raum, aber auch in Deutschland verbreitet war, erkennen. Der Begriff Vampir taucht aber erst im 18. Jahrhundert auf – und mit ihm entsteht eine ganz eigene dämonische Spezies, die, wie der Kulturwissenschaftler Norbert Borrmann feststellt, ein hybrides Fantasiewesen ist, das Merkmale von mindestens fünf Kreaturen magischer Glaubensvorstellungen in sich vereint: »erstens die Wiedergänger; zweitens die Alp-ähnlichen, nächtlich heimsuchenden Geister; drittens Wesen von der Art der blutsaugenden Stryx des Altertums; viertens Hexen aus slawischen und balkanischen Gebieten, die auch nach ihrem Tod noch Schaden anrichten, und fünftens die Werwölfe.«

Dieser absonderliche Mythenmix, aus dem der Vampir als europäisches Monster der Moderne entstanden ist, macht es schwer, ihn mit Definitionen einzufangen. Der Kulturwissenschaftler Erik Butler versucht zum Beispiel, ihn mit vier Eigenschaften einzukreisen: 1) der Vampir befindet sich in einem metaphysischen Zustand zwischen Leben und Tod; 2) er raubt anderen die Lebenskraft und nimmt sie in sich auf (in der Regel, indem er ihr Blut trinkt); 3) der Vampir tötet seine Opfer oder verwandelt sie in Wesen, die ihm selbst gleichen; 4) er trotzt den Gesetzen von Raum und Zeit und hat das Ziel, Angst und Schrecken zu verbreiten. Für den *Duden*, der es offensichtlich nicht so abstrakt mag, ist der Vampir ein »Toter, der nachts als unverwester, lebender Leichnam dem Sarg entsteigt, um Lebenden, besonders jungen Mädchen, Blut auszusaugen, indem er ihnen seine langen Eckzähne in den Hals schlägt«. Das klingt zwar griffig, weil sich aber Romanautoren, Filmemacher, Showrunner oder Comiczeichner nicht unbedingt darum scheren, was im *Duden* steht, trifft diese Definition oft nicht zu – etwa bei der Wahl des Schlafplatzes, der bevorzugten Jagdzeit und beim Beuteschema. Und auch die Waffen der Vampirjäger variieren. Nicht jeder Vampir verabscheut Knoblauch, kann mit Weihwasser und einem Kruzifix geschwächt und durch Tageslicht, Köpfen und einen Holzpflock, der durchs Herz gerammt wird, getötet werden.

Tatsächlich begnügen sich die meisten Vampir-Definitionen damit, die Eigenschaften aufzuzählen, die sich Bram Stoker für seinen Graf Dracula ausgedacht hat. Lord Ruthven aus Polidoris *Der Vampyr* schläft dagegen wie die meisten Vampire nicht in einem Sarg, Edward Cullen aus Stephenie Meyers *Twilight*-Saga hat kein Problem mit religiösen Symbolen, und obwohl er entsetzlich bleich ist, schadet ihm ein Sonnenbad nicht. Und um einen Strigoi aus Richelle Meads *Vampire Academy*-Reihe umzubringen, bedarf es mindestens eines Silberpflocks.

Da halte ich mich dann doch lieber an Erik Butlers abstrakte Vampir-Definition und möchte sogar noch zwei Kategorien ergänzen, an die man vielleicht nicht sofort denkt, wenn man diesen Dämon beschreiben will, die ihn aber auf mehreren Bedeutungsebenen bestimmen: der Vampir als Verwandler und der Vampir als Eroberer. Was damit gemeint ist, lesen Sie in den nächsten beiden Abschnitten. All jenen, die lieber endlich Blut spritzen sehen wollen, empfehle ich, zum nächsten Kapitel vorzublättern.

Der Vampir als Verwandler

Der Vampirstoff zählt zu den Lieblingsmythen der Trivialliteratur und der Popkultur. In Romanen, Filmen, Fernsehserien, Comics, Videospielen, Rocksongs trifft man auf den Vampir. Er kann sich als Gruselmonster, dämonischer Verführer, als Witzfigur oder Teenieschwarm verkleiden. Er ist ein Verwandlungskünstler, der alles sein und alles bedeuten kann. »Der Kern dieses Monsters besteht in seiner Affinität zu Brüchen, zum Wandel und zur Veränderung«, stellt Erik Butler fest. Für

Norbert Borrmann verkörpert der Vampir »Sexualität, Machtgier, Schmarotzertum, Sucht, Verbrechertum, Dämonie, aber auch den Traum vom ewigen Leben«. Der Germanist Hans-Richard Brittnacher spricht von der »Elastizität« des Vampirs. Er erscheine mal »als Sinnbild einer entmachteten und rachsüchtigen Aristokratie, mal als Symbol nymphomanischer Weiblichkeit, mal als das eines maßlosen Don-Juanismus, mal wird mit ihm der Stalinismus gebrandmarkt, mal das Franco-Regime, mal die Jesuiten, dann wieder sind es Bürokratie, venerische Krankheiten oder die Furcht vor neueren wissenschaftlichen Entdeckungen wie Hypnose und Magnetismus, die im Vampir ihr Bild gefunden haben«. Man kann dem Vampir mit dem Instrumentarium der Psychoanalyse, mit der feministischen Theorie und dem Dekonstruktivismus zu Leibe rücken oder ihn als Phänomen des Postkolonialismus historisch erklären. Kein Wunder also, dass Erik Butler zu dem Schluss kommt: »*Vampir* ist eine Metapher, die Amok läuft.«

Aber nicht nur metaphorisch ist der Vampir ein Verwandlungskünstler: »Was ist das für ein Mensch, oder vielmehr, was für eine Kreatur verbirgt sich da in Menschengestalt?«, fragt Jonathan Harker in Bram Stokers *Dracula*, nachdem er beobachtet hat, wie der Graf eidechsenartig an der Mauer entlanggekrochen ist und wie sich sein Mantel wie ein Paar großer Flügel um ihn ausgebreitet hat. Dracula, der zu einer Art attraktiv-aristokratischem Prototyp des Vampirs avanciert ist, wird zu Beginn des Romans greisenhaft geschildert, ist später seltsam verjüngt. Er ist mal Fledermaus, mal Wolf, mal Nebel.

Dracula ist in Stokers Roman ein bösartiges Chamäleon, ein Meister der Assimilation, ein Gestaltwandler. Er führt damit exemplarisch die Metamorphosen vor, die das Bild des Vampirs seit dem 18. Jahrhundert erfahren hat. Zwar wird der

Vampir oft mit Adelstiteln bzw. -prädikaten ausgestattet – Lord Ruthven, Sir Frances Varney, Gräfin Mircalla Karnstein, Graf Dracula, Lestat de Lioncourt, Rüdiger von Schlotterstein –, trotzdem: »Die aristokratische Kleidung und das lässig-elegante Auftreten, die heute üblicherweise mit dem Vampir in Verbindung gebracht werden, sind nur zwei von vielen Attributen, die ihm zugeschrieben werden«, stellt Butler fest.

Der Vampir ist stets ein Kind seiner Zeit: ein aus seinem Grab wiederkehrender rosig aufgeblähter Bauernleichnam, ein geheimnisvoll-schwermütiger Graf, ein untoter New-Wave-Rebell mit cooler Frisur, ein blasser Teenager mit guten Manieren. »Der Schrecken, den der Vampir ausübt, beruht auch darauf, dass er sich genauso schnell wie das moderne Leben bewegt und verwandelt«, schreibt Erik Butler, »es ist unmöglich zu wissen, in welcher Form der Vampir das nächste Mal zuschlägt.« Diese Fähigkeit unterscheidet ihn von den meisten anderen Ungeheuern und Dämonen, die sich die Menschheit ausgedacht hat: Während sich Geister und Werwölfe zum Beispiel im Lauf der Zeit relativ wenig verändern, »passen sich Vampire den Kulturen an, in denen sie leben«, schreibt die Anglistin Nina Auerbach, »sie teilen mit uns unsere intimsten Beziehungen; sie sind scheußliche Eindringlinge ins Normale«.

Zwar ist der Vampir stets flexibel, sucht und findet immer wieder die Schwachstellen der Gesellschaft, um sich an diesen zu nähren, er bleibt aber »Grenzgänger zwischen zivilisatorischer Normalität und archaischer Ausschweifung«, wie die Kulturwissenschaftlerinnen Julia Bertschik und Christa A. Tuczay schreiben. Es gibt stets einen Bruch zwischen ihm und dem Rest der Welt. Trotz aller Assimilationsbemühungen fällt er zum Beispiel durch fremdartiges Aussehen, seinen exotischen Akzent, sein aristokratisches Auftreten oder seine antiquierten Umgangsformen auf. Dadurch liefert er ein verzerrtes Abbild des Zeitgeistes, wird zur Projektionsfläche unserer kollektiven Ängste, unserer moralischen Normen und des gesellschaftlichen Wandels. Und als Mythos des Abendlandes lädt er sich auch mit dem christlich-theologischen Diskurs auf: Der Vampir ist wie Jesus von den Toten auferstanden und kann durch sein Blut Unsterblichkeit schenken, besitzt also auch die Gabe der größten, der göttlichen Verwandlung: Wer vom Blut des Vampirs trinkt, stirbt nicht, sondern wird selbst zum Vampir. Das klingt wie eine bösartige Paraphrase des Abendmahls, wie es im Johannesevangelium beschrieben wird: »Nur wer meinen Leib isst und mein Blut trinkt, der hat das ewige Leben, und ihn werde ich am letzten Tag auferwecken.«

Der Vampir als Eroberer

Der Biss des Vampirs steht also für die Verwandlung. Er ist aber auch ein Akt der Verschlingung, Aneignung, Eroberung. Der Biss ist, seit der Vampir zur literarischen Figur wurde, sexuell kodiert, als Akt der Ausschweifung, der Gewalt, der Befreiung. Der Vampir ist, wie Norbert Borrmann feststellt, einer der vielen lüsternen Verführer, die sich in der Blütezeit des Viktorianismus in Kunst und Literatur tummeln. Männliche Vampire werden zu einem dämonisch-attraktiven Don Juan (wie Polidoris Lord Ruthven in der Kurzgeschichte *Der Vampyr*), weibliche zur Femme fatale (wie Carmilla in Sheridan Le Fanus Novelle *Carmilla*). Der Vampir steht für die Qualen und die Gefahren, die ein zügelloses Leben mit sich bringt, für die gesellschaftliche Ächtung all jener, die sich hemmungslos der

Leidenschaft hingeben. Im Kuss des Vampirs treffen Lebensgier und Todessehnsucht aufeinander, der Wunsch des Einswerdens der Liebenden. »Im Grunde hatten die Viktorianer vor dieser dunklen Seite der Sexualität Angst«, stellt Borrmann fest. Die Heuchelei des Puritanismus gebiert ein sexuelles Raubtier. Ein Produkt dieses Zeitalters der Doppelmoral ist nicht nur der Vampir, sondern auch Sigmund Freuds Sexualtheorie, die das Ich zur Kampfzone von Es und Über-Ich erklärt. Und natürlich ist es ein Leichtes, Bram Stokers *Dracula*, der zeitgleich mit Freuds ersten Schriften erscheint, psychoanalytisch zu deuten, darin die literarische Verarbeitung inzestuöser, oral-sadistischer Tendenzen zu erkennen, eine aggressive ödipale Fantasie, eine perverse Form der Regression, bei der das Blut die Muttermilch ersetzt, und Dracula als einen omnipotenten Übervater zu interpretieren.

Die Kunst und Literatur des Spätviktorianismus ist erotisch aufgeladen. Vampirsex bleibt allerdings – zumindest in den klassischen Erzählungen – auf den Biss in den Hals des Opfers beschränkt. Der Vampir ist zwar ein suggestiver Liebhaber, koitaler Geschlechtsverkehr interessiert ihn jedoch nicht. Wenn seine spitzen Eckzähne in den Hals des Opfers eindringen und er das Blut trinkt, steht das trotzdem für Vergewaltigung und Defloration, die Vampirzähne werden zum Phallussymbol. Und dass man diesen unersättlichen, wollüstigen und perversen Eindringling am besten dadurch vernichtet, dass man ihm einen Pflock ins Herz rammt, deutet selbst wieder einen Vergewaltigungsakt an, diesmal wird der bisherige Täter selbst von einem Phallusersatz aufgespießt. Vampirgeschichten sind voller Fetischsex, voller symbolischer Penetrationen.

Das sollte als psychoanalytischer Vampir-Crashkurs allerdings genügen. Beim Vampirbiss geht es schließlich nicht nur um Sex, sondern zum Beispiel auch um Verschlingung und Einverleibung. Er entspricht letztlich kannibalischen Stammesritualen, in denen man das Herz des Feindes aß, um sich dessen Kraft anzueignen. Und der Vampir schlägt seine Zähne nicht nur in sein Opfer, sondern auch in die Gesellschaft selbst. Er ist auf mehreren Ebenen Eindringling und Eroberer: »Der Vampir bedroht eine ganze Reihe homologer sozialer Einheiten: das Individuum, das Mitglied einer Gemeinschaft, den Staat und zuletzt die Menschheit«, schreibt Erik Butler. Der Vampir ist somit eine politische Kategorie, denn er steht für die Ambition, sich auszubreiten und eine neue Weltordnung zu erschaffen.

Bram Stokers Roman *Dracula* ist eine Invasions- und eine Infektionsgeschichte zugleich. Der Vampirgraf aus Transsilvanien scheitert beim Versuch, London und damit das Herz des britischen Empires zu erobern. Diese Invasionsdrohung ist ein Kern der Vampirfantasien. Der Vampir will seinen Macht- und Einflussbereich ausdehnen. Und wenn er nicht gestoppt wird, breitet er sich schnell aus. Immer wieder verwandelt sich dabei der Vampir vom Eroberer in eine Epidemie. In Friedrich Wilhelm Murnaus *Nosferatu* wird er von einer Horde Ratten begleitet, die die Pest nach Europa bringen. Justin Cronins *Übergang*-Romantrilogie erklärt den Vampirismus zu einer Seuche, die die Menschheit in nicht allzu ferner Zukunft fast vollständig ausrotten wird. In der TV-Serie *The Strain* von Guillermo de Toro und Chuck Hogan versucht ein Epidemiologe das Ausbrechen eines Vampirvirus in New York City zu verhindern. Und die Parallelen zwischen der realen Seuche AIDS und dem Vampirismus sind offensichtlich: »Die AIDS-Epidemie setzte die moderne Welt in den 1980er und 1990er Jahren wieder ihren Urängsten aus«, schreibt der Kulturhistoriker David J. Skal,

»und eigenartigerweise klingen in den AIDS-Charakteristika einige klassische Motive der Vampirlegenden nach.« Es beginnt damit, dass die Krankheit durch Blut übertragen wird, und endet damit, dass »selbsternannte Moralapostel mit religiösen Symbolen herumfuchteln und darauf bestehen, dass eine Erkrankung das Werk des Teufels sei«.

Das Ziel des Vampirs ist letztlich die Eroberung der Welt, die Vernichtung allen menschlichen Lebens. Es steht damit auch für die Unersättlichkeit und die Gefahren des wirtschaftlichen Expansionsstrebens, des Raubbaus, den die Menschen an der Natur betreiben. Denn was bleibt, wenn alles erobert ist, alle Menschen verwandelt sind? Das fragt sich auch der Vampir Spike aus der TV-Serie *Buffy – Im Bann der Dämonen*:

> Wir geben gerne an. Vampire tun so was. »Ich will die Welt zerstören!« Mit so was prahlst du vielleicht, um den harten Jungen zu mimen, wenn du mit Freunden bei einem großen Glas Blut zusammenhockst. Aber die Wahrheit ist, ich liebe diese Welt. Hier gibt es Hunde-Rennen, Manchester United, *Love Boat* – und vor allem Menschen. Milliarden von Menschen, die überall herumlaufen wie Happy Meals auf Beinen.

Von dem Kauen und Schmatzen der Todten in Gräbern: Vampire und Volksglaube

> Seit ungefehr sechzig Jahren hat sich in Ungarn, Polen, Schlesien und Mahren ein neues Schauspil hervor gethan; indem allda Leut, die schon mehrere Jahr oder Monat zuvor verstorben sennd, wider zurück kommen, reden, gehen, die Dörfer beunruhigen, Menschen und Thier mißhandlen, ihren Verwandten das Blut aussaugen, ihnen Krankheiten und endlichen gar den Tod verursachen, sich auch von solchen überlästigen und schädlichen Besuchungen nicht zurück halten lassen, bis man ihre Leiber wieder ausgrabt, spißt, ihnen das Haupt abschlagt, das Herz ausreißt, oder sie verbrennt.

Als der Benediktiner Augustin Calmet (1672–1757) diese Zeilen im Jahr 1745 in seiner *Gelehrten Verhandlung von denen so genannten Vampiren* niederschreibt, scheint sich die ganze Welt vor diesen blutsaugenden Untoten zu fürchten – und dies mitten im Zeitalter der Aufklärung. Calmet verzeichnet in seiner Schrift jedenfalls 1680 Vorfälle, in denen Menschen der festen Überzeugung waren, Vampire gesehen zu haben:

Leichen, die nicht verwesen wollten, die sich im Grab bewegten, nachbluteten, auferstanden, um über Nachbarn, Freunde und Verwandte herzufallen.

Viele solche Vampirberichte, die Clemens Ruthner die »X-Files der Aufklärung« nennt, werden im Wiener Staatsarchiv verwahrt. Sie stammen, weil Mulder und Scully aus der TV-Serie *Akte X* noch nicht erfunden sind, von Militärärzten, die Frombald, Flückinger oder Glaser heißen. Und mit diesen amtlichen Protokollen nimmt der moderne Vampirmythos als eine Erfindung der Frühen Neuzeit seinen Anfang. Nachdem erste Gerüchte über auferstandene Vampire bereits gegen Ende des 17. Jahrhunderts auftauchen, breitet sich dieser Aberglaube in der ersten Hälfte des 18. Jahrhunderts rasant in Europa aus. Ausgangspunkt ist zunächst das Gebiet, in dem sich nach dem Türkenkrieg von 1718 die österreichische Militärgrenze befindet – in Mähren, Ungarn, auf dem Balkan. Ruthner schildert die Situation dort folgendermaßen: »Die Nachkriegszeit nach den Feldzügen gegen die Türken bringt nicht nur eine schlechte Versorgungslage der Bevölkerung und Epidemien mit sich, sondern ebenso einen gesellschaftlichen Umbruch nach dem Machtwechsel. Im Zuge der österreichischen Okkupation kommt es zur De-Islamisierung, zum schwelenden Religionsstreit zwischen katholischer und orthodoxer Kirche sowie generell zu einer Art von Kulturkampf zwischen den ›befreiten‹ Südslawen und ihren neuen österreichischen ›Kolonisatoren‹.« Auf diesem Boden gedeiht der Aberglaube.

Leichen, die nicht schnell genug verwesen, werden zu Vampiren ernannt und wie angebliche Hexen zu den Sündenböcken des Kollektivs erklärt. Man gibt ihnen die Schuld an Todesfällen, Krankheiten oder Missernten. Die ersten Vampire, beziehungsweise die ersten bekannten Opfer dieser Vampir-

Hysterie, sind der serbische Bauer Peter Plogojowitz und der Heiducke Arnold Paole.

Am 21. Juli 1725 erscheint in der österreichischen Staatszeitung die *Copia eines Schreibens aus dem Gradisker District in Ungarn.* Verfasser des Berichts ist der Kameralprovisor Frombald. Es handelt sich um ein Schreiben, das er von der Front an die Zentralverwaltung in Wien geschickt hat. Der Feldarzt berichtet, dass die Heiducken, also serbische Freischärler, unter seiner Überwachung einen Körper exhumiert und mit einem Pflock aufgespießt und verbrannt hätten, weil sie ihn für einen Vampir hielten.

> Nachdeme bereits vor 10 Wochen ein in dem Dorf Kisolova, Rahmer-District, gesessener Unterthan Namens Peter Plogojoviz, mit Tod abgegangen und Rätzischer Manier zur Erden bestattet worden, hat sich in ermeldtem Dorf Kisolova geäusseret, daß innerhalb 8 Tagen 9 Personen sowol alt als junge nach überstandener 24 stündiger Kranckheit also dahin gestorben, daß, als sie annoch auf dem Todt-Beth lebendig lagen, offentlich ausgesaget, daß obbemeldt vor 10 Wochen verschiedener Peter Plogojoviz zu ihnen im Schlaf gekommen, sich auf sie gelegt und gewürget, daß sie nunmehro den Geist aufgeben müsten.

Frombald berichtet, dass er sich überreden ließ, den Leichnam in Begleitung eines Geistlichen zu untersuchen. Und tatsächlich macht er einige sonderbare Entdeckungen, die mit denen der Dorfbewohner übereinstimmen. Zum Beispiel, dass der Körper »nicht der mindeste sonst der Todten gemeiner Geruch verspüret«, dass sich die alte Haut geschält und »sich frische neue darunter hervor gethan« habe, dass das Gesicht, die Hän-

Die besten Anti-Mittel (alle Angaben ohne Gewähr)

1. Pfählen (tötet)
2. Enthaupten (tötet)
3. Tageslicht (tötet)
4. Feuer (tötet)
5. Fließend Wasser (tötet)
6. Kruzifix (schwächt)
7. Weihwasser (schwächt)
8. Knoblauch (schreckt ab und schwächt)
9. Hostie (schreckt ab)
10. Spiegel (entlarvt)

de, die Füße und der ganze Leib in so einem Zustand sind, dass »sie zu Leb-Zeiten nicht hätten vollkommener seyn können«. Auch bemerkt er im Mund der Leiche frisches Blut, »welches der gemeinen Aussag nach er von denen durch ihme Umgebrachte gesogen«. All diese Anzeichen seien typisch für die Wesen, die die Dorfbewohner »Vampyri« nennen, schreibt Frombald und berichtet, wie er tatenlos zusieht, als die Leiche geschändet wird:

> Nachdeme nun sowol der Popp als ich dieses Spectacul gesehen, der Pövel aber mehr und mehr ergrimter als bestürtzter wurde, haben sie gesamte Unterthanen in schneller Eil einen Pfeil gespitzet, solchen dem Todten-Cörper zu durchstechen an das Hertz gesetzet, da dann bey solcher Durchstechung nicht nur allein häuffiges Blut so gantz frisch auch durch Ohren und Mund geflossen, sondern andere wilde Zeichen (welche wegen hohen Respect umgehe) vorbey

> gangen, sie haben endlich oftermeldten Cörper in hoc casu, gewöhnlichem Gebrauch nach zu Aschen verbrennet.

Das slawische Lehnwort Vampir bzw. *Vampyri*, dessen etymologische Herkunft unsicher ist (das Suffix *pyr* bzw. *pir* könnte beispielsweise für »trinken«, aber auch für »geflügeltes Wesen« stehen; die unter anderem in Serbien, der Ukraine oder der Slowakei gebräuchliche Bezeichnung *Upir* bzw. *Upyr* könnte sich von »unverbrannt« ableiten), taucht hier erstmals in einem historischen Bericht auf. Zwar gibt es ältere Mythen, die vampirähnliche Dämonen kennen: die altsumerische geflügelte Göttin Lilith, die in aramäischer Zeit zum Nachtgespenst wurde, das das Blut von Kindern trinkt; der Fledermausgott Camazotz der Maya oder Lamien und Lemuren der griechischen beziehungsweise der römischen Mythologie, vor deren Zugriff Kinder mit Knoblauchketten geschützt werden sollten. Doch die eigentliche Geschichte der Vampire beginnt auf dem Friedhof des serbischen Dorfes Kisolava, als dort die Leiche von Peter Plogojowitz ausgegraben wird. Der Vampir ist also ein modernes Monster, noch nicht einmal 300 Jahre alt.

Zunächst wird Frombalds Bericht allerdings kaum zur Kenntnis genommen. Erst sieben Jahre später sorgt der Frontbericht eines weiteren Militärarztes dafür, dass ganz Europa von einer Vampir-Hysterie erfasst wird. Im Januar 1732 schickt der Regimentsfeldscher Johann Flückinger das Protokoll der Hinrichtung eines Vampirs nach Wien. Tatort ist erneut Serbien. Als Vampir wird diesmal ein Heiducke namens Arnold Paole aus Medvedga ausgemacht:

> In 20 oder 30 Tagen nach seinem Tod-Falle haben sich einige Leute beklaget, daß sie von dem gedachten Arnond Parle

geplaget würden, wie denn würcklich 4 Persohnen umgebracht worden. Um nun dieses Ubel einzustellen, haben sie auf Einrahten ihres Hadnucks, welcher schon vorhin bey dergleichen Begebenheiten gewesen, diesen Arnond Parle in beyläuffig 40 Tagen nach seinem Tode ausgegraben, und gefunden, daß er gantz vollkommen und unverweset sey, auch ihm das frische Bluht zu den Augen, Nasen und Ohren herausgeflossen, das Hembd, Ubertuch und Tücher gantz bluhtig gewesen, die alten Nägel an Händen und Füssen samt der Haut abgefallen, und dargegen andere neue gewachsen seyn. Weil sie nun daraus ersehen, daß er ein würcklicher Vampir sey, so haben sie demselben nach ihrer Gewohnheit einen Pfahl durchs Hertz geschlagen, worbey er nen wohlvernehmliches Geächzen gethan, und ein häuffiges Geblühte von sich gelassen. Worauf sie den Cörper noch selbiges Tages gleich zur Aschen verbrant und solche in das Grab geworffen. Ferner sagen obgedachte Leute aus, daß alle diejenige, welche von den Vampirs geplaget und umgebracht worden, ebenfals zu Vampirs werden müssen. Also haben sie die obberührte 4 Persohnen auf gleiche Art exsequirt.

Flückingers *Actenmäßiger Bericht über die Vampirs, so sich zu Medvegia in Servien an der Türckischen Gräntzen sollen befunden haben* wird schnell zu einer Art Bestseller, zahllose Zeitungen drucken ihn ab und von Wien aus erreicht er binnen weniger Wochen die anderen europäischen Großstädte. Der Bericht wird auch ins Englische und Französische übersetzt. 1732/33 werden mindestens zwölf Bücher und vier Dissertationen zum Thema Vampirismus verfasst. 1734 folgt Michael Ranfts *Tractat von dem Kauen und Schmatzen der Todten in Gräbern, worin die wahre Beschaffenheit derer Hungarischen Vampyrs und Blut-*

Sauger gezeigt, auch alle von dieser Materie bißher zum Vorschein gekommene Schrifften recensiret werden. Im Jahr 1745 findet sich in *Zedlers Universallexikon* unter dem Schlagwort *Vampir* der Eintrag: »Man verstehet dadurch todte menschliche Körper, welche aus Gräbern hervor spatzieren, den Lebendigen das Blut aussaugen, und sie dadurch umbringen sollen.«

Rund zwei Jahrzehnte dauert das europäische Vampirfieber. Nicht nur das einfache Volk wird von der Blutsauger-Hysterie erfasst, sondern auch Gelehrte, Doktoren und Theologen, die in ihren Abhandlungen oft einen erschreckenden Mangel an Wissen über Verwesungsprozesse offenbaren. »Im 18. Jahrhundert finden zahlreiche derartige Vampirexekutionen statt; zum Teil auf Anordnung lokaler Behörden und mit dem Einverständnis der kirchlichen Obrigkeit«, schreibt der Medienwissenschaftler Rainer M. Köppl, »sogar die Leichen von Kindern werden ausgegraben und verbrannt, weil sie des Totenzaubers (*magia postuma*) verdächtigt werden«. Doch ein solches Treiben duldet die aufgeklärte Absolutistin Maria Theresia auf den Friedhöfen ihres Reichs nicht lange; in einem Erlass droht sie im März 1755, solche Leichenschändung »mit denen empfindlichsten Straffen« zu verfolgen.

Der Verbündete der Kaiserin ist ihr Leibarzt Gerhard van Swieten (1700–1772), der versucht, dem Volk mit aller Macht den Aberglauben auszutreiben. Der Universalgelehrte aus dem niederländischen Leiden darf zwar als das Vorbild von Bram Stokers Vampirjäger Prof. Abraham van Helsing gelten, »anders als sein literarisches Zerrbild … bekämpft van Swieten die Vampire (aber) nicht auf düsteren Friedhöfen oder in verfallenen Schlössern, sondern dort, wo sie sich eingenistet haben: in den Köpfen der Untertanen«, schreibt Köppl. In seinen aufklärerischen *Remarques sur le Vampirisme* (1755) fordert van Swieten eine wissenschaftliche Auseinandersetzung mit dem Vampirismus-Wahn. Er zeigt zwar Verständnis für die einfachen Leute (»Daß das gemeine Volk, welches oft sehr wenig unterrichtet ist, in Ausschweifungen verfalle, das bewegt mich zum Mitleiden, und nimmt mich nicht wunder.«), nicht aber mit den Priestern, die diese Hysterie befeuern (»Welche Unwissenheit! Erschreckliche Dummheit!«), und die angeblichen Vampire sind für ihn nur »Schlachtopfer der Ignoranz und des Aberglaubens«.

Zunächst hatte die christliche Kirche nämlich den Vampir- wie den Hexen-Aberglauben instrumentalisiert, bewusst die Angst der Gläubigen befeuert und ihnen weisgemacht, dass Vampire nur durch christliche Symbolhandlungen getötet werden können – also durch geweihtes Wasser oder das Kruzifix. Doch tatsächlich stellt die Vorstellung, dass es Vampire gibt, die christlichen Ideen der unsterblichen Seele und der Wiederauferstehung in ihrem Kern infrage. Die Idee, dass es seelenlose Wesen geben könnte, die von den Toten auferstanden sind, ist für den Benediktiner Augustin Calmet ein ketzerischer Irrglaube. Auferstehen dürfen nur die von Gott Auserwählten. »Der Vampirglaube ist die Umkehrung christlicher Dogmen und Kulte«, stellt Köppl fest, »der Vampir ist ein düsterer Christus, der denen, die von seinem Blut trinken, das ewige Leben verheißt«.

Der Vampirglaube wird somit erst etwas verspätet als eine Verhöhnung des christlichen Glaubens erkannt, als eine Bedrohung genau jener Instanz, die letztlich Europa zusammenführen soll. »Historisch gesehen gründet sich das moderne Europa auf einen Prozess der Staatenbildung und der Christianisierung, welcher in der Zeit um das Jahr 1000 n. Chr. einen Höhepunkt erreichte«, schreibt Thomas M. Bohm. Und weiter: »Eine wesentliche Voraussetzung für das Aufkommen des Vampirglaubens war die allmähliche Ablösung der Feuerbestattung durch die Grablegung oder die Beerdigung. Der Zustand der Leichen beflügelte fortan die Fantasie der Lebenden. Bei der Frage nach dem Verhältnis von Diesseits und Jenseits vermischten sich christliche und animistische Vorstellungen. Dabei ging es um die Rolle des Blutes als Lebenssaft einerseits und um den Dualismus von Leib und Seele andererseits.«

Aber nicht nur diese angeblich aus ihren Gräbern auferstehenden Untoten bereiten der christlichen Kirche Sorgen: »Nicht von ungefähr taucht der Vampir als historisches Gespenst in einer rationalistischen Epoche auf, wo die Unsterblichkeit der Seele nicht mehr selbstverständlich ist und man deren Beschaffenheit wissenschaftlich zu hinterfragen begonnen hat«, stellt Clemens Ruthner fest. Indem der Vampir den christlichen Glauben bedroht, gefährdet er auch die Politik der Habsburger, suggeriert die Verletzlichkeit von deren Machtgebilde. Die Vampirberichte haben gleichermaßen eine religiöse und politische Zerstörungskraft, weil sie von dort stammen, wo die empfindliche Grenze zwischen dem Reich der Habsburger und der Ottomanen, zwischen Christentum und Islam verläuft. »Der Vampir kann als Symptom der Zweifel an kultureller Identität gedeutet werden, der dadurch entsteht, dass zwei politische und religiöse Systeme und Ansprüche im Konflikt stehen«, schreibt Erik Butler. Der Vampirismus ist also ein Schnittstellenphänomen. Das wird sich auch später in Bram Stokers *Dracula* widerspiegeln, wenn Jonathan Harker in die Karpaten reist und in seinem Tagebuch notiert: »Einen Eindruck immerhin gewann ich: Wir verließen den Westen und kamen in den Osten. Über die westlichste der prächtigen Brücken, welche die hier geradezu majestätisch breite und tiefe Donau queren, gelangten wir in Gebiete, die erkennen ließen, dass sie einmal unter türkischer Herrschaft standen.«

Blut ist das Leben: Der Vampir wird Literatur

Die wahren Sauger wohnen nicht auf Friedhöfen: Der Vampir als politische Metapher

Als das Vampirfieber in Europa seinen Höhepunkt erreicht, veröffentlicht im Jahr 1733 Johann Christoph Harenberg seine theologisch-philosophische Abhandlung *Vernünfftige und Christliche Gedancken über die Vampirs*. Als aufgeklärter Mensch hält er zwar nichts von dem Aberglauben, stellt jedoch fest:

> Es giebt sonst eine gute Anzahl lebendiger Vampirs in allen Ständen, für welche man sich am meisten zu hüten hat. Denn sie ziehen Guht, Muht und Bluht, entweder mit offenbahrer Gewalt, oder unter den Schein des Rechten an sich. Wenn die Welt von diesen Spitzbuben könnte gereinigt werden, stünde es viel besser um das menschliche Geschlechte.

Schon als man noch nicht so richtig weiß, was von der Hysterie zu halten ist, die um dieses Bauernmonster gemacht wird, verwandelt sich jenes in akademischen Schriften bereits in etwas noch Größeres, noch Unheimlicheres, noch Gefährlicheres. Das Vampirprinzip wird als Ausbeutungsprinzip zur soziologischen Kategorie umgedeutet. Bevor der Vampir zur literarischen Figur wird, ist er damit bereits eine politische Metapher. Die Mythen und Legenden, die in ganz Europa in Umlauf sind, werden vom aufklärerischen Diskurs instrumentalisiert.

Bald schon entstehen überall Polemiken und Satiren, die Vampire politisch interpretieren und eine Verwandtschaft zwischen den lebensraubenden Ungeheuern und den absolutistischen Herrschern unterstellen, die ihre Völker ausbluten lassen. Der Vampir wird zum Synonym für Egoismus, Habgier, Rücksichtslosigkeit, zur allegorischen Figur, die Machtmissbrauch ins Bild setzt. Die französische Zeitschrift *Courier de l'Europe* veröffentlicht beispielsweise im Oktober 1784 eine Karikatur, die die Königin Marie-Antoinette als Vampir zeigt.

Die eigentlichen Blutsauger leben in Palästen: Eine Marie-Antoinette-Karikatur aus dem Jahr 1784.

Auch Voltaire nutzt einen in den 1760er Jahren entstandenen Beitrag über den Vampir-Aberglauben in seinem *Dictionnaire Philosophique* für eine Polemik:

> Diese Vampire waren Tote, die nachts ihre Ruhestätten verließen, um den Lebenden das Blut aus dem Hals oder dem Bauch zu saugen, um dann wieder in ihre Gräber zurückzukehren. Die ausgesaugten Lebenden wurden dürr und bleich und von der Schwindsucht befallen. Die saugenden Toten wurden fett, bekamen einen rosigen Teint und sahen ganz entzückend aus. In Polen, Ungarn, Schlesien, Mähren, Österreich und Lothringen ließen es sich die Toten schmecken. Von Vampiren ist weder in London noch in Paris die Rede. Ich gebe zu, dass es in diesen beiden Städten Börsenspekulanten, Händler, Geschäftsleute gibt, die dem Volk das Blut am helllichten Tag aussaugen. Sie sind aber gar nicht tot, nur ziemlich verfault. Diese wahren Sauger wohnen nicht auf Friedhöfen, sondern in sehr komfortablen Palästen.

Voltaire macht nicht nur die nach Besitz und Reichtum gierenden, sondern auch den Klerus zum Blutsauger, schreibt in sein philosophisches Wörterbuch Sätze wie: »Die wahren Vampire sind die Mönche, die auf Kosten der Könige und des Volkes essen.«

Als Unterdrückungs- und Ausbeutungsmetapher zeigt sich der Vampir auch im 19. Jahrhundert. Der irische Dichter Thomas Moore schreibt 1808 im Gedichtband *Corruption and Intolerance*:

> That greedy vampire, which from Freedom's tomb
> Comes forth with all the mimicry of bloom

Upon its lifeless cheek, and sucks and drains
A people's blood to feed its putrid veins!

Der gierige Vampir, der aus dem Grab der Freiheit
Hervortritt mit all der Schminke der Blütezeit
Auf seinen leblosen Wangen, und saugt und leert
Das Blut eines Volkes und so seine verfaulten Adern nährt!

Georg Büchner lässt Simon in *Dantons Tod* (1835) zu einem Bürger sagen: »Du bist die Vampirzunge, die mein wärmstes Herzblut trinkt.« Auch Heinrich Heine macht den Vampir zur politischen Metapher. In seiner polemischen Schrift *Die romantische Schule* (1836) schreibt er über den deutschen Bundestag:

> Das deutsche Mittelalter liegt nicht vermodert im Grabe, es wird vielmehr manchmal von einem bösen Gespenste belebt und tritt am hellen, lichten Tage in unsere Mitte und saugt uns das rote Leben aus der Brust …
>
> Ach! seht ihr nicht, wie Deutschland so traurig und bleich ist? zumal die deutsche Jugend, die noch unlängst so begeistert emporjubelte? Seht ihr nicht, wie blutig der Mund des bevollmächtigten Vampirs, der zu Frankfurt residiert und dort am Herzen des deutschen Volkes so schauerlich langsam und langweilig saugt?

Karl Marx greift in *Das Kapital* (1867) die Vampirmetapher auf: »Das Kapital ist verstorbne Arbeit, die sich nur vampirmäßig belebt durch Einsaugung lebendiger Arbeit und um so mehr lebt, je mehr sie davon einsaugt.«

Allerdings ist die Vampirmetapher nicht dem aufklärerischen, freiheitsliebenden und kapitalismuskritischen Diskurs vorbehalten. Denn die Begriffe Vampir und Blutsauger gehören von Anfang an zum Vokabular des Antisemitismus. Joseph Oppenheimer (1698–1738), der diffamierend Jud Süß genannt wurde, Hoffaktor des Herzogs von Württemberg war und Opfer eines Justizmordes wurde, wird in zeitgenössischen Quellen bereits als »schlimmster jüdischer Blutsauger« beschimpft.

Im 20. Jahrhundert lässt sich dann eine bizarre Doppeldeutigkeit der Vampirmetapher beobachten – vor allem im Nationalsozialismus. Zum einen missbraucht dieser die Blutsauger-Metaphorik für seine antisemitische Propaganda. Zum anderen lässt sich im völkischen Blutmythos der Nazis der aggressive Blutstolz von Bram Stokers Vampirgrafen wiedererkennen. In dem Roman erklärt sich Dracula gegenüber Jonathan Harker:

> Wir Szekler haben alles Recht der Welt, stolz zu sein. Denn in unseren Adern fließt das Blut vieler tapferer Völker, die den gleichen Kampf kämpfen wie der Löwe im Tierreich – den um die Herrschaft. Seit Jahrhunderten zieht unsere Gegend die europäischen Völker gleich einem Strudel an und wirbelt sie durcheinander. In dieses Gewirr brachten die ugrischen Stämme von Island her den Kampfgeist, welchen Thor und Wotan ihnen verliehen hatten. … Blut ist in diesen Zeiten ehrlosen Friedens ein zu kostbar Ding.

Das Wissen um die Katastrophe, die der Mythos des reinen Bluts im 20. Jahrhundert verursachen sollte, macht den 1921 erschienenen Roman *Vampir* von Hanns Heinz Ewers heute zu einer kaum erträglichen Lektüre. Das chauvinistisch-mystische Buch, das dieser Bürgerschreck der 1920er Jahre selbst als einen »verwilderten Roman in Fetzen und Farben« bezeichnete, spielt vor dem Hintergrund des Ersten Weltkriegs. Ewers erzählt von Frank Braun – einem Übermenschen im Sinne Nietzsches, einem Antihelden, der Blut braucht, um leben zu können, und der für Dieter Sturm »ein kleinbürgerlich verkommener, aber umso großmäuliger Stiefbruder von Dracula« ist. »Rot ist die Zeit, rot von Blut«, schreibt Ewers im letzten Kapitel, »Fieberkrank war die Menschheit – und Blut muss sie trinken, um gesund zu werden und jung.« Und über das im Krieg besiegte Deutschland heißt es: »Es wird aufstehn vom Nichtsein, das Niedergebrochene! … Es wird seine Feinde niederschlagen, wird triumphieren über alles, was gegen es steht.« Der Wiedergänger ist also hier Deutschland selbst.

Den frischen Purpur saugen: *Mein liebes Mägdchen glaubet* und der romantische Vampir

So leicht es dem Vampir fiel, sich als politische Metapher in die akademischen Diskurse der Aufklärung einzuschleichen, so schwer tat er sich zunächst damit, sich in Literatur zu verwandeln. »Die Vampirpanik des 18. Jahrhunderts, die ganz Europa beschäftigte und das gelehrte Schrifttum dazu in ungeheurer Weise anschwellen ließ, blieb für die schöngeistige Literatur dieser Zeit vollkommen bedeutungslos«, resümiert Norbert Borrmann. Tatsächlich nimmt sich erst die Romantik hingebungsvoll des Vampirs an. Doch es gibt zumindest einen Vorläufer: Heinrich August Ossenfelders Gedicht *Mein liebes Mägdchen glaubet* erscheint im Jahr 1748 in der wissenschaftlichen Zeitschrift *Der Naturforscher* und wird dort durch einen Artikel über Vampirismus ergänzt. Es ist das erste Vampirgedicht der Literaturgeschichte, von dem wir wissen.

Mein liebes Mägdchen glaubet
beständig steif und feste,
an die gegebnen Lehren
der immer frommen Mutter;
als Völker an der Theyse
an tödtliche Vampire
heyduckisch feste glauben.
Nun warte nur Christianchen,
du willst mich gar nicht lieben;
ich will mich an dir rächen,
und heute in Tockayer
zu einem Vampir trinken.
Und wenn du sanfte schlummerst,
von deinen schönen Wangen
den frischen Purpur saugen.
Alsdenn wirst du erschrecken,
wenn ich dich werde küssen
und als ein Vampir küssen:
Wann du dann recht erzitterst
und matt in meine Arme,
gleich einer Todten sinkest
alsdenn will ich dich fragen:
Sind meine Lehren besser,
als deiner guten Mutter?

Der Vampir allerdings ist kein untoter Blutsauger, sondern ein verlangender Freier, und das Gedicht eine hochmoralische Fabel, die letztlich den Grund verrät, warum die Figur des Vampirs (außer im politisch-allegorischen Sinn) in der Aufklärung kaum literarische Auswirkungen zeitigt: Zu sehr widerspricht dieses Grabgespenst dem vernünftig-rationalistischen Zeitgeist.

Das ändert sich gegen Ende des 18. Jahrhunderts. Begünstigt durch technische Vereinfachungen in der Buchproduktion, etabliert sich ein Massenmarkt für Unterhaltungsliteratur, der sich – auch als Reaktion auf den Rationalismus der Aufklärung – auf fantastische, mystische Stoffe stürzt. Horace Walpoles Buch *Das Schloss von Otranto* (1764), das als erster Schauerroman (*gothic novel*) gilt, findet immer mehr Nachahmer. In der Romantik beginnt der Siegeszug des Vampirs in den europäischen Literaturen. 1773 erscheint im *Göttinger Musenalmanach auf das Jahr 1774* Gottfried August Bürgers Ballade *Leonore*. Dabei handelt es sich zwar eigentlich nicht um eine Vampir-, sondern um eine Gespenstergeschichte (Leonores Verlobter Wilhelm kehrt vom Siebenjährigen Krieg als Geist zurück, reitet mit Leonore durch die Nacht und nimmt sie schließlich mit ins Grab). Doch die Ballade ist nicht nur wesentliche Inspiration für Samuel T. Coleridges Ballade *Christabel* (1797) und Edgar Allan Poes *The Raven* (1845), sondern beeinflusst auch Bram Stokers *Dracula*. Stoker lässt in dem Roman bei der Fahrt durch die Karpaten einen von Jonathan Harkers Reisegefährten einen Vers aus Bürgers *Leonore* flüstern: »Denn die Todten reiten schnell.« Rainer M. Köppl geht davon aus, dass eine Quelle sowohl für Bürgers Ballade als auch für Stokers Roman die Geschichte der Fürstin Eleonore zu Schwarzenberg (1682–1741) ist, die angeblich zu Lebzeiten für einen Vampir gehalten wurde.

1797 mischt sich auch Johann Wolfgang von Goethe in den Vampirdiskurs ein: in dem 28 Strophen umfassenden Gedicht *Die Braut von Korinth* verarbeitet er eine Gruselgeschichte, die auf Phlegon von Tralleis zurückgeht, einen Griechen, der im 2. Jahrhundert Hofbeamter des römischen Kaisers Hadrian war. Goethe reimt in der Ballade, die er in seinem Tagebuch freimütig als »vampyrisches Gedicht« bezeichnet:

Aus dem Grabe werd' ich ausgetrieben,
Noch zu suchen das vermißte Gut,
Noch den schon verlornen Mann zu lieben
Und zu saugen seines Herzens Blut.

Ha, welch Ergötzen, welche Lust! *Der Vampyr* als Bestseller der Schauerromantik

Die Balladen von Bürger, Coleridge und Goethe erweisen sich als die Vorboten einer zweiten Vampirepidemie, die nun das 19. Jahrhundert erfassen soll: Auslöser ist diesmal John Polidoris Kurzgeschichte *Der Vampyr*, die im Jahr 1816 entsteht und 1819 erscheint, zum Bestseller wird und zahllose Epigonen dazu ermuntert, Erzählungen auf den Markt zu werfen, in denen Blutsauger die Unschuld zarter Jungfrauen bedrohen. Die Vampirwelle nimmt so groteske Ausmaße an, dass es sich Goethe nicht verkneifen kann, diese in seinem 1831 fertiggestellten *Faust II* zu verhöhnen. Beim Mummenschanz im ersten Akt schreibt er als Bühnenanweisung: »Die Nacht- und Grabdichter lassen sich entschuldigen, weil sie soeben im interessantesten Gespräch mit einem frisch erstandenen Vampiren begriffen seien, woraus eine neue Dichtart sich vielleicht entwickeln könne.«

Dabei ist Goethe nicht ganz unschuldig an dem Boom beziehungsweise an Polidoris Kurzgeschichte. Denn sein Gedicht *Die Braut von Korinth* ist neben *Christabel* und *Leonore* Pflichtlektüre für den erlauchten Kreis, den Lord Byron im Juni 1816 in seiner Villa Diodati am Genfer See um sich versammelt, um in einer Art Nacht- und Nebelaktion der *gothic novel* neues Leben einzuhauchen. Diese hatte eine kurze Blütezeit in der

10 Vampirgeschichten, die man gelesen haben sollte

1816 John Polidori: *The Vampyre*
Eine deutsche Übersetzung der ersten Vampirerzählung der Weltliteratur erscheint bereits 1819 bei Leopold Voß, Leipzig, unter dem Titel *Der Vampyr*. Ich zitiere aus dieser Erstübersetzung.

1872 Joseph Sheridan Le Fanu: *Carmilla*
Gertrud Barauchs Übersetzung der einflussreichen Novelle findet sich in Dieter Sturms und Klaus Völkers Anthologie *Von denen Vampiren oder Menschensaugern*. Aus dieser zitiere ich.

1897 Bram Stoker: *Dracula*
Der Klassiker unter den Vampirromanen liegt ihn zahlreichen Übersetzungen vor. Ich zitiere aus Ulrich Bossiers Neuübersetzung, die im Reclam Verlag erschienen ist.

1954 Richard Matheson: *I am Legend*
Der Vampir-Science-Fiction-Roman ist unter dem Titel *Ich bin Legende* in der Übersetzung von Ralf Schmitz bei Heyne erschienen.

1975 Stephen King: *Salem's Lot*
Der von Bram Stokers *Dracula* inspirierte Horrorroman ist auf Deutsch unter dem Titel *Brennen muss Salem* bei

Spätromantik. Und wenn es ein Ereignis gab, das den Schauerroman geprägt hat, dann war es das Treffen von Percy Bysshe Shelley, seiner Geliebten Mary Godwin, Lord Byron und dessen Leibarzt Dr. John William Polidori. In dieser Juninacht in

Heyne verfügbar, in der Übersetzung von Peter Robert und Silvia Morawetz.

1976 Anne Rice: *Interview with the Vampire*
Der Band, der den Romanzyklus *Chronik der Vampire* eröffnet, heißt auf Deutsch *Gespräch mit einem Vampir.* Ich zitiere aus der Übersetzung von Karl Berisch und C. P. Hofmann, die im Goldmann Verlag erschienen ist.

1984 Adolf Muschg: *Das Licht und der Schlüssel*
Der Schweizer Schriftsteller lässt in seinem im Suhrkamp-Verlag erschienenen *Erziehungsroman eines Vampirs* (so der Untertitel des Buchs) einen Vampir in Amsterdam als Saugtherapeuten arbeiten.

2005 Stephenie Meyer: *Twilight*
Der erste Roman der *Twilight-Saga* trägt in Deutschland den Titel *Bis(s) zum Morgengrauen.* Karsten Kredel hat das Buch für den Carlsen-Verlag übersetzt.

2005 Elizabeth Kostova: *The Historian*
Unter dem Titel *Der Historiker* ist dieser diverse Genres vermengende Roman in der Übersetzung von Werner Löcher-Lawrence im Berlin-Verlag erhältlich.

2010 Justin Cronin: *The Passage*
Der erste Band der vielschichtigen Vampirseuchen-Trilogie heißt auf Deutsch *Der Übergang.* Rainer Schmidt hat ihn für den Goldmann-Verlag übersetzt.

dem berühmten Jahr ohne Sommer entsteht nicht nur Mary Shelleys Roman *Frankenstein oder Der neue Prometheus*, sondern auch Polidoris *Der Vampyr* – die erste bekannte Vampirerzählung der Weltliteratur (1801 war zwar bereits ein dreibändiger Roman namens *Der Vampir* von Ignaz Ferdinand Arnold erschienen, dieser ist allerdings verschollen).

Polidoris *Der Vampyr* erzählt von dem jungen Engländer Aubrey, der »hübsch, frei und reich« ist, »die Träume der Dichter für die Wirklichkeit des Lebens« hält, und »jenes hohe romantische Gefühl für Ehre und Aufrichtigkeit« besitzt, »welches täglich so viel hundert junge Leute zu Grunde richtet«. In London lernt Aubrey einen geheimnisvollen Gentleman namens Lord Ruthven kennen: einen Mann, der sich »mehr durch seine Sonderbarkeiten, als durch seinen Rang« auszeichnet, der »mit einem Blick das innerste Herz zu durchbohren« scheint, der »trotz der totenbleichen Farbe seines Gesichts« den »Ruf eines einnehmenden Sprechers« hat und ständig in weiblicher Gesellschaft anzutreffen ist, »ebenso oft unter solchen Frauen, welche den Glanz ihres Geschlechts in häuslichen Tugenden suchen, als unter solchen, die ihn durch ihre Laster beflecken«.

Diese zwei so unterschiedlichen Männer gehen gemeinsam auf Reisen, entzweien sich aber in Rom, und Aubrey zieht es allein nach Griechenland. Dort erzählt ihm die schöne Janthe »von einem lebenden Vamypr […], der jahrelang unter seinen Freunden und Verwandten umhergegangen sei, gezwungen, jedes Jahr durch Aufzehrung des Lebens eines schönen Weibes seine Existenz für die nächste Zeit zu verlängern«. Kurz darauf stirbt Janthe, und unverhofft treffen sich Aubrey und Ruthven wieder. Zwar wird Ruthven bei einem Überfall getötet, doch er taucht wenig später erneut in London auf. Aubrey erkennt, dass dieser Edelmann, der es inzwischen auf Aubreys Schwester abgesehen hat, nicht nur ein notorischer Verführer junger Frauen, sondern ein Vampir ist, erleidet einen Nervenzusammenbruch und erkrankt schwer. Auf dem Sterbebett erzählt er seinen Verwandten die ganze Geschichte. »Die Vormünder eilten fort, Miss Aubrey zu retten, allein es war zu spät«, schließt Polidori seine Geschichte: »Lord Ruthven war verschwunden und Aubreys Schwester hatte den Durst eines Vampyrs gestillt.«

Was für eine Verwandlung! »Hatte der Vampir noch als Ausdruck des Animalischen und des Blasphemischen Einzug in die Poesie des 18. Jahrhunderts gehalten, mutierte der unsterbliche Blutsauger in der *gothic novel* des 19. Jahrhunderts vom Dorfmonster zum dekadenten Dandy«, schreibt der Historiker Thomas M. Bohn. Das Grabgespenst des Volksglaubens, der seelenlose Schädling, der als Wiedergänger im tumben Körper eines toten Bauern Schrecken verbreitet, ist nun ein diabolisch-charmanter Aristokrat, ein verführerisch-tödlicher Außenseiter. Aus der allegorischen Figur der Aufklärung wird ein von Lebenskraft strotzender Protagonist der romantischen Dichtung. »Lord Ruthven ist der typische Vertreter eines vielgestaltigen Vampirbildes«, schreibt Norbert Borrmann, »er ist Verführer, die Ursache seiner Verdammnis ist unbekannt, er ist ein grausamer Genießer, und als Aristokrat gehört er überdies einer ›Ausbeuterklasse‹ an, was die soziologische Seite der Blutsaugerei anklingen lässt.« Im Pandämonium der Romantik bekommt der Vampir die Rolle des Antihelden zugewiesen. Polidori steht damit am Anfang dessen, was der Literaturwissenschaftler Mario Praz »schwarze Romantik« nennt. Der Vampir Lord Ruthven ist ein Titan, der sich gegen das göttliche Prinzip auflehnt. Und auch Polidori wagt etwas Unfassbares: Er lässt das Böse siegen – und verstößt damit gegen die Regel der poetischen Gerechtigkeit, deren Einhaltung der romantische Schauerroman eigentlich einfordert.

Polidoris Lord Ruthven trifft mitten ins Herz einer auseinanderfallenden sozialen Ordnung. Während in Frankreich Napoleon gerade gestürzt wird, bringt in England die Industrialisierung die Gesellschaft aus dem Gleichgewicht. »Lord Ruthven verkörpert die Energie der Lokomotive, des Fabriksystems, des Trubels des städtischen Lebens«, schreibt Erik Butler. Indem Polidori seinen *Der Vampyr* sowohl im ländlichen Griechenland als auch im urbanen London spielen lässt, erzählt seine Geschichte implizit von gesellschaftlichen Umbrüchen.

Lord Ruthven ist als Aristokrat, Reisender und Verführer Vorbild für fast alle späteren Gentleman-Vampire – von Bram Stokers Graf Dracula bis zu Anne Rices Lestat de Lioncourt. Und wie später *Dracula* ist Polidoris *Der Vampyr* Ausgangspunkt spektakulärer medialer Verwertungsketten. An deren Anfang steht aber genaugenommen gar nicht Polidori selbst. Denn in der Kurzgeschichte verarbeitet er wiederum ein Fragment seines Arbeitgebers Lord Byron, das von einem gewissen Augustus Darvell erzählt, der von den Toten aufersteht. Polidoris Version hat aber mit Byrons Fragment nicht mehr viel gemeinsam und trägt zudem autobiografische Züge: Polidori beschreibt sich selbst in Aubrey, der Vampir Lord Ruthven ist das literarische Pendant zu Lord Byron – eine Idee, die Tom Holland in seiner Romantrilogie *Der Vampir*, *Das Erbe des Vampirs* und *Die Botschaft des Vampirs* (1995–97) aufgreift – und Lord Byron tatsächlich zum Vampir macht.

Der Vampyr ist jedenfalls ein großer Erfolg. Vielleicht auch, weil er bei der Erstveröffentlichung im Jahr 1819 aus verlegerischem Kalkül fälschlicherweise Lord Byron zugeschrieben wird. Der den literarischen Blutsauger-Boom verabscheuende Goethe bezeichnet die Kurzgeschichte als »Byrons bestes Product«. Das Buch wird schnell ins Deutsche und ins Französische übersetzt und bringt eine Vielzahl an Bearbeitungen für die Bühne hervor. Das Melodram *Le Vampire* zum Beispiel wird am 13. Juni 1820 im Théâtre de la Porte-Saint-Martin in Paris uraufgeführt. Charles Nodier verlegt den Schauplatz nach Schottland, strafft die Handlung, komprimiert die erzählte Zeit auf 24 Stunden – und verpasst dem Stück ein Happy End.

Polidori beziehungsweise Nodiers Bühnenfassung liefern in den 1820er und 1830er Jahren die Vorlage für zahlreiche Adaptionen. In London kommt James Robinson Planchés *The Vampire or the Bride of the Isles* auf die Bühne, in Paris sorgt Eugène Scribes einaktige Vaudeville-Persiflage *Le Vampire* bald schon für großes Gelächter, und in Karlsruhe feiert Heinrich Ludwig Ritters Schauspiel *Der Vampyr oder die Todten-Braut* Premiere.

Der Stoff überschwemmt die europäischen Bühnen in Form von musikalisch verzierten Schauerromanzen und Parodien. Der Vampir lernt singen und tanzen. Polidori löst somit eine Vampirepidemie aus, die sich diesmal nicht auf dem Balkan am Rand des Abendlandes abspielt, sondern in den Metropolen Europas. Der Vampir erobert erst die Boulevardtheater und dann die große Oper. Im Jahr 1826 feiert die dreiaktige *opéra comique* namens *Le Vampire* des belgischen Komponisten Martin-Joseph Mengal in Gent Premiere. Und im Jahr 1828 werden in Deutschland gleich zwei Blutsauger-Opern uraufgeführt: im März in Leipzig Heinrich Marschners romantische Oper *Der Vampyr* und im September in Stuttgart Peter von Lindpaintners gleichnamiges Singspiel, das sich allerdings als ziemlich brave schwäbische Schauerromanze erweist.

Heinrich Marschner, der in der Geschichte der deutschen romantischen Oper zwischen Carl Maria von Weber und Richard Wagner steht, ist im 19. Jahrhundert mit seinen Bühnenwerken überaus erfolgreich. Das Libretto für *Der Vampyr*, eine große romantische Oper in zwei Akten, stammt von Wilhelm

August Wohlbrück. Dieser bedient sich an den zahlreichen Polidori-Bearbeitungen, die zu jenem Zeitpunkt vorliegen: Der Vampirmeister setzt dem untoten Lord Ruthven ein Ultimatum. Wenn dieser nicht binnen 24 Stunden drei Bräute als Opfer bringen kann, ist seine Zeit auf der Erde gezählt. Zwei Bräute kann er schnell herbeischaffen, die dritte, Malwina, wird von ihrem Bräutigam Aubry gerettet. Am Ende stürzt Ruthven vom Blitz getroffen zu Boden und fährt mit dem Vampirmeister zur Hölle.

Nicht der Part des Heldentenors Aubry, sondern der des Baritons Ruthven steht im Zentrum der Oper. Als er im Durcheinander des Hexensabbats auftritt, gibt sich der Vampirlord mal lyrisch-romantisch (»Das süßeste Blut / Wie Saft der Rosen / Von purpurnen Lippen / Schmeichelnd zu nippen!«), mal wild-verlangend (»Und wenn sie stöhnen voll Entsetzen, / Ha, welch Ergötzen, welche Lust!«), mal spöttisch (»Armes Liebchen, bleich wie Schnee / Tat dir wohl im Herzen weh!«). In dieser Arie verschwimmen Leidenschaft, Grausamkeit, Romantik und Häme grandios, Marschners Musik führt damit exemplarisch die Verwandlungskunst des Vampirs vor. Bei der Uraufführung am 29. März 1828 am Sächsischen Hoftheater in Leipzig ist die Oper ein Erfolg, sie wird anschließend an vielen europäischen Bühnen gespielt und bekommt schließlich sogar ihre eigene Parodie beschert: *Staberl als Vampyr* wird 1833 in Würzburg uraufgeführt. Und ausgehend von Marschners Oper wird die britische BBC anderthalb Jahrhunderte später ein Crossover zwischen Oper und Fernsehen versuchen. Die TV-Miniserie *The Vampyr: A Soap Opera* (1992) macht aus Ruthven Ripley, der im London der Jetztzeit ein erfolgreicher Geschäftsmann ist und der in drei Nächten drei Frauen töten muss, um sein Leben und seine Macht zu behalten.

Zwar ist Polidoris *Der Vampyr* der Bestsellerstoff, aus dem die Kassenschlager in der ersten Hälfte des 19. Jahrhunderts gemacht sind. Doch der Vampir als unheimlicher Wiedergänger, diabolischer Antiheld, als gequälte Seele und personifiziertes Verlangen ist auch in anderen Erscheinungsformen in der Romantik allgegenwärtig. Ob in Novalis' *Hymnen an die Nacht* (1800), in Percy Bysshe Shelleys *Der entfesselte Prometheus* (1820), in E. T. A. Hoffmanns *Die Serapions-Brüder* (1821) oder in Heinrich Heines Gedicht *Helena* (1844). Alexandre Dumas, der als Theatermanager 1851 in Frankreich eine Polidori-Bearbeitung als Bühnenstück herausbringt, hat bereits 1849 mit *La dame pâle* eine Vampirnovelle geschrieben. Und Charles Baudelaire wird 1857 wegen des Gedichts *Les Métamorphoses du Vampire*, das im Gedichtband *Les fleurs du mal* erscheint, der Gotteslästerung und Beleidigung der öffentlichen Moral bezichtigt, angeklagt und zu einer Geldstrafe in Höhe von 300 Francs verurteilt.

Zu diesem Zeitpunkt ist der Vampir aber zumindest in England längst auch ein Superstar der Schundliteratur, der *penny dreadfuls*, der viktorianischen Groschenromane, die billig blutrünstige Stoffe unter das Volk bringen. Eine der erfolgreichsten ist die Serie *Varney der Vampir* (1845–47) von James Malcolm Rymer und Thomas Peckett Prest. Die Fortsetzungsgeschichte, die zwei Jahre lang Woche für Woche erscheint, ist in gewisser Weise das Bindeglied zwischen John Polidoris *Der Vampyr* und Bram Stokers *Dracula*. Erik Butler bezeichnet die Serie als eine Art »Gothic soap opera«, der Journalist Erwin Jänsch nennt Varney »einen Vampir für das Proletariat«, heute würde man wahrscheinlich eher von Trash sprechen.

Mein wildes Herz blutet mit dir: *Carmilla* als Urahnin weiblicher Vampire

> Es dauerte lange, bis die Erinnerung an das Geschehene etwas von ihrem Schrecken verlor. Aber bis zum heutigen Tage habe ich Carmilla und ihre zwei Gesichter immer wieder vor mir gesehen: manchmal das verspielte, träge, schöne junge Mädchen, manchmal den sich windenden Unhold aus der verfallenen Kapelle. Und oft, wenn ich in Gedanken versunken war, bin ich hochgeschreckt, und es war mir, als hörte ich an der Wohnzimmertür Carmillas leichten Schritt.

So beendet die Ich-Erzählerin, die 19-jährige Laura, in Sheridan Le Fanus *Carmilla* ihre Geschichte. Diese handelt davon, wie das Teenagermädchen auf dem Schloss Karnburg in der Steiermark Freundschaft mit einer geheimnisvollen Frau namens Carmilla schließt. Als Laura aber ein mysteriöses Leiden befällt, wird eben jene Carmilla als Verursacherin der Erkrankung ausgemacht. Denn Carmilla ist ein Vampir. In den Ruinen der Burg Karnstein liegt die Leiche der bereits im 17. Jahrhundert gestorbenen Gräfin Mircalla, deren Wiedergängerin Carmilla ist. Der Leichnam wird nach »dem alten Brauch« gepfählt, geköpft, verbrannt und die Asche in den Fluss geworfen. »Seitdem ist dieser Landstrich nie wieder von einem Vampir geplagt worden.«

Obwohl es schon vor Le Fanus Novelle, die 1872 im Erzählband *In A Glass Darkly* erscheint, vampirische Frauen gab – zum Beispiel in Goethes *Braut von Korinth*, in Coleridges *Christabel* oder in Theophile Gautiers *La Morte amoureuse* –, ist Carmilla der Archetyp des weiblichen Vampirs. Sie ist zwar nicht das, was man später als Vamp bezeichnen wird, und sie ist auch keine Verwandte der lüsternen Vampirfrauen in Stokers Roman *Dracula*, der ein Vierteljahrhundert später erscheint, aber der irische Vielschreiber Le Fanu lädt die Geschichte mit lasziver Erotik auf, und zeichnet Carmilla nach dem Vorbild Polidoris Lord Ruthven als raffinierte Verführerin:

> Oft schlang sie dann ihre schönen Arme um meinen Hals, zog mich an sich, legte ihre Wange an die meine und flüsterte, die heißen Lippen an mein Ohr gepresst: »Liebste, ich weiß, du fühlst dich im Innersten verletzt. Halte mich nicht für grausam, wenn ich so handle, wie die Stärken und Schwächen meiner Natur es mir vorschreiben. Wenn dein sanftes Herz verwundet ist, blutet mein wildes Herz mit ihm. Meine tiefe Demütigung genießend, lebe ich in deinem warmen Leben, und du wirst in mein Leben hineinsterben – süß sterben. Ich kann nicht anders: So, wie ich dir heute nahe bin, wirst du eines Tages anderen nahe sein und die Wonne dieser Grausamkeit, die doch nichts als Liebe ist, kennenlernen. Versuche also vorläufig nicht mehr, etwas über mich und die Meinen zu erfahren, sondern vertraue mir mit der ganzen Kraft deiner Liebe.«

Trotz des grausig-drastischen Finales erzählt *Carmilla* eine zärtliche, mit morbidem Charme inszenierte Liebesgeschichte zwischen zwei Frauen. Le Fanu lässt beide Seiten des Frauenbilds der viktorianischen Ära und damit zwei auch heute noch – nicht nur in Vampirgeschichten – weit verbreitete weibliche Rollenstereotype aufeinandertreffen: die Femme fatale (die Täterin, Carmilla) und die Femme fragile (das Opfer, Laura). Für Hans Richard Brittnacher ist *Carmilla*, »vielleicht das bewegendste literarische Exempel für den transgredierenden

Illustrationen wie diese von D. H. Friston verzierten Sheridan Le Fanus Vampirnovelle *Carmilla*, als sie 1872 einige Monate vor der Buchveröffentlichung zunächst als dreiteilige Fortsetzungsgeschichte in der Zeitschrift *The Dark Blue* erschien.

Passions-Charakter einer Liebe, deren Außerordentlichkeit die viktorianische Gesellschaft als Vampirismus denunzierte«. Le Fanu lasse »in einer fast delirierenden Narration die Vampirin Carmilla von Karnstein um die Liebe der unschuldigen und schreckhaften Laura werben, bis jene von einer verständnislosen Männergemeinschaft vernichtet wird«. Die Novelle erzählt somit von der Verhinderung einer Liebe, die die Gesellschaftsordnung infrage stellt.

Eine andere Lesart fragt: Was wäre, wenn Carmilla eigentlich nur die geheimen Wünsche, die sexuellen Fantasien von Laura verkörpert? Wenn Le Fanu tatsächlich einen inneren

Konflikt auf verschiedene Figuren verteilt nach außen verlegt hat? Dann erzählt *Carmilla* letztlich vom Verbot weiblicher Selbstentfaltung. Der Anglist Jochen Achilles kommt zu dem Ergebnis, dass Le Fanu die Motive des Schauerromans zu einem »psychologischen Vokabular« umdeutet, und dass sie nun für Ängste, Neurosen und Komplexe stehen.

Die Novelle *Carmilla* ist zwar ein Vorläufer der *lesbian vampire fiction*. Doch anders als viele andere Vampirgeschichten, macht Le Fanu aus dem Stoff keine Männerfantasie, liefert keine spekulativ-lüsterne Lesbenstory. Das hält die meisten Bearbeitungen des Stoffs allerdings nicht davon ab, diesen als solche zu lesen. Dem Ton der Vorlage werden trotz all der Freiheiten, die sie sich erlauben, am ehesten noch Carl Theodor Dreyers Filmadaption *Vampyr – Der Traum des Allan Gray* (1932) und zumindest in Ansätzen Roger Vadims *... und vor Lust zu sterben* (1960) gerecht. Doch meistens beutet das Kino den Stoff sexuell aus – der Titel einer 2009 ins Kino gekommenen *Carmilla*-Adaption macht die Intention plakativ deutlich: *Lesbian Vampire Killers.* »Was von der Carmilla der viktorianischen Literatur übriggeblieben ist«, schreibt die Kulturwissenschaftlerin Andrea Weiss, »ist die implizite Darstellung lesbischer Liebe. Diese wird allerdings nicht mehr wohlwollend porträtiert, sondern in eine männliche Pornofantasie umgewandelt.«

Als das Geschäft der auf Horror spezialisierten britischen Produktionsfirma Hammer Films nicht mehr so gut läuft, beginnt sie ihre Vampirgeschichten mit Sex und Nacktheit zu würzen. Zum Beispiel in *The Vampire Lovers* (1970). Der Film gibt vor, auf *Carmilla* zu basieren. Doch letztlich geht es in dem Streifen nur darum, dem heterosexuellen männlichen Publikum Schauwerte zu bieten. Das Gleiche gilt für die

Carmilla-Adaption *Draculas Hexenjagd* (1971), bei der neben Peter Cushing die Zwillings-Playmates Madeleine und Mary Collinson die Hauptrollen spielen. Es scheint in den 1970ern nach der sexuellen Revolution eine große männliche Angst vor starken Frauen zu geben, die dadurch kompensiert wird, dass Frauen zwar mal selbst zum Vampir und mal zu dessen Opfer gemacht – immer aber zum Lustobjekt des Zuschauers degradiert werden. Die Sexfilmwelle in den 1970er Jahren adaptiert weibliche oder lesbische Vampire nur allzu gerne – von Laurence Merricks *Draculas lüsterne Vampire* (1970) über Jess Francos *Vampyros Lesbos* (1971) und Jose Ramon Larraz' *Vampyres* (1974) bis zu *Dracula beißt jetzt in Oberbayern* (1979). Und natürlich hat die Pornoindustrie längst diese Männerfantasien mit entsprechenden Hardcore-Produktionen zu Ende gedacht.

Abseits von diesen Schmuddelfilmen wird der weibliche Vampir im 20. Jahrhundert als Femme fatale nicht nur seine metaphysische Dimension verlieren, sondern auch seine zweite Silbe – und zum Vamp werden. Schon als sich der norwegischen Maler Edvard Munch in seiner Bilderreihe *Vampyr* (1893–95 und 1916–18) dieses Topos annimmt, geht es eher um sexuelle Obsessionen als um Vampirismus. Der von William Nicholas Selig produzierte Stummfilm *The Vampire* (1910) mit Margarita Fischer holt sich seine Ideen bei Philip Burne-Jones' Gemälde *The Vampire* (1896) und Rudyard Kiplings gleichnamigem Gedicht aus dem Jahr 1897: Ein Mann verfällt den Verführungskünsten einer Femme fatale. Auch in Robert G. Vignolas *The Vampire* (1913) spielt Alice Hollister keinen Vampir, sondern einen Vamp. Frank Powells *A Fool There Was* (1915) ist ebenfalls eine filmische Paraphrase des Rudyard-Kipling-Gedichts. Theda Bara, eines der frühen Sexsymbole Hollywoods, spielt die Hauptrolle. Und in gewisser Weise führen Filme wie Richard Wenks *Vamp* (1986) oder Robert Rodriguez' *From Dusk till Dawn* (1996), bei denen Vampirfrauen in Striptease-Lokalen Männer erst sexuell verführen und dann zubeißen, die Vamp- und die Exploitationfilm-Tradition zusammen.

Dass weibliche Vampire lange Zeit fast ausschließlich als Männerfantasien in Erscheinung getreten sind, könnte auch daran liegen, dass die Stimmen von Autorinnen bis Mitte des 20. Jahrhunderts fast komplett fehlten oder unterdrückt wurden. Seit den 1970er Jahren aber stammen Vampir-Bestsellerstoffe fast ausschließlich von Frauen: zum Beispiel von Anne Rice (*Chronik der Vampire*), Angela Sommer-Bodenburg (*Der kleine Vampir*), Lisa Jane Smith (*Tagebuch eines Vampirs*), Stephenie Meyer (*Twilight*), Richelle Mead (*Vampire Academy*) und P. C. und Kristin Cast (*House of Night*). Aber auch abseits der Unterhaltungsliteratur hat eine weibliche Aneignung des Stoffs stattgefunden. Elfriede Jelineks Stück *Krankheit und moderne Frauen*, das 1987 uraufgeführt wird, vermengt Sheridan Le Fanus *Carmilla* mit Bram Stokers *Dracula* und Emily Brontës *Stürmische Höhen* und dekonstruiert das patriarchalische System.

Eine Welt voller Elend, Pein und Kummer! *Dracula* und der Kampf des Vampirs gegen die Moderne

Der Ire Bram Stoker hat zwei Bestseller geschrieben. Der eine ist ein Handbuch, das er veröffentlicht, als er noch als Verwaltungsbeamter arbeitet. Es trägt den Titel *The Duties of Clerks of Petty Session in Ireland* (*Die Pflichten der Bediensteten an den Magistratsgerichten in Irland*). Der andere ist ein Roman und heißt *Dracula*. »Wissen Sie, was drin steht?«, lässt der österreichische Schriftsteller Adolf Muschg einen Museumswärter namens van Helsing in seinem Buch *Das Licht und der Schlüssel. Erziehungsroman eines Vampirs* (1984) fragen und ihn daraufhin in einem Vortrag erläutern, worum es tatsächlich geht in Bram Stokers Roman *Dracula*:

> Fünf Männer jagen zwei Frauen. Eine wird zur Strecke gebracht, die andere verhaftet – verheiratet, wollte ich sagen. Diese fünf Männer kämpfen in verteilten Rollen. Vier geben sich als feine Leute aus, ein englischer Psychiater, ein englischer Advokat und ein amerikanischer Selfmademan. Für besondere Operationen ziehen sie einen holländischen Wundermann hinzu, Professor van Helsing. Der fünfte, genannt Dracula, spielt den bösen Feind, das teuflische Ungeheuer. Aber im Grunde wollen sie alle dasselbe: die Frauen fertigmachen. Dracula mit offenen Karten, die Kavaliere unter dem Vorwand, sie vor ihm zu beschützen.

Tatsächlich lässt sich auch *Dracula* als eine Männerfantasie, als eine Apologie des Patriarchats und der Unterdrückung und Demütigung von Frauen lesen (und die Filmindustrie schlachtet diesen Aspekt in ihren Adaptionen immer wieder genüsslich aus). Aber eine der Stärken des Romans, der im 20. Jahrhundert eine beispiellose Wirkungsgeschichte hat, ist, dass er auf vielen Ebenen Sinn ergibt. Bram Stokers Buch, mit dessen Erscheinen im Jahr 1897 das goldene Zeitalter der *gothic novel* zu Ende geht, ist ein Buch voller Suggestivkraft, das zahlreiche Vampirmythen vermengt. Stoker arbeitet seinen Stoff pseudodokumentarisch auf, reiht Tagebuchnotizen, Briefe, Zeitungsartikel, Logbucheinträge oder die Abschriften von Diktaphon-

Aufnahmen aneinander. Und das Grauen entwickelt sich in *Dracula* fast beiläufig.

Der Roman gibt sich zunächst als Jonathan Harkers Reisejournal aus. Der junge Rechtsanwalt aus London ist unterwegs nach Transsilvanien, um dort einen gewissen Graf Dracula zu treffen und für diesen allerlei Papierkram zu erledigen. Harker ist ein akkurater Langweiler, der Unpünktlichkeit verabscheut (»3. Mai. Bistritz. – Abfahrt München 1. Mai, 8.35 abends. Ankunft Wien in den frühen Morgenstunden. Planmäßige Ankunft 6.46, hatten aber eine Stunde Verspätung.«) und vom Paprikahendl des Hotels Royal in Klausenburg schwärmt (»Es schmeckte großartig, machte aber gewaltigen Durst.«). Er reist durch die finstere Nacht, um in den schroffen Karpaten einen Grafen aufzusuchen, vor dem ihn die Einheimischen warnen. Dracula, der in London ein Haus erworben hat und nun seinen Umzug plant, ist ein mysteriöser Gastgeber. Er hat kein Spiegelbild, klettert nachts eidechsenartig an den Burgmauern entlang, schläft tagsüber in der Gruft des Schlosses in einer mit Erde gefüllten Kiste. Und als einmal drei geheimnisvolle Frauen über Harker herfallen und ihn beißen wollen, rettet ihn Dracula zwar dadurch, dass er den Frauen stattdessen ein wimmerndes Kind überlässt, macht Harker aber gleichzeitig zu seinem Gefangenen.

Später lernt man in England die tugendhafte Mina Murray, Harkers Verlobte, kennen, und Lucy Wenstenraa, Minas frivole beste Freundin, die nicht nur einen Verlobten, sondern auch einen Verehrer hat. Doch selbst mithilfe des Irrenarztes Dr. John Seward und des Universalgelehrten Abraham van Helsing können die Männer nicht verhindern, dass Dracula nach seiner heimlichen Ankunft in England Lucy in einen Vampir verwandelt. Zusammen mit dem inzwischen aus Draculas Schloss geflohenen Jonathan Harker erlösen sie Lucy von dem Vampirfluch, rammen ihr einen Pfahl durchs Herz und köpfen sie. Nun hat es Dracula aber auf Mina Murray abgesehen, wird von den Männern verfolgt und flieht zurück nach Transsilvanien. Gerade noch rechtzeitig – kurz vor Sonnenuntergang – stellen die Verfolger in der Nähe des Schlosses die Zigeuner, die Dracula in einer Kiste transportieren. Es kommt zum Kampf, am Ende köpft Jonathan Harker Dracula, und der Vampirgraf zerfällt zu Staub.

Bram Stoker ist der Karl May des Schauerromans. Das Transsilvanien, das er so anschaulich beschreibt, hat er nie bereist. Stoker, der sein Geld damals vor allem als Manager des Theater-Superstars Henry Irving verdient (dem Dracula einige seiner Züge verdankt), recherchiert lieber zu Hause, als sich vor Ort umzuschauen. Wer wissen will, wie das Schloss von Graf Dracula aussieht, muss nicht in die Südkarpaten reisen, auch wenn dort der rumänische Touristenverband Schloss Bran als Draculas Zuhause anpreist. Vorbild für das Schloss war vielmehr Slains Castle in Schottland. Stoker verarbeitet aber beispielsweise auch das Buch *The Land beyond the Forest. Facts and Fancies from Transsylvania* (1888) der schottischen Reiseschriftstellerin Emily Gerhard, auf die auch der Ausdruck *Nosferatu* zurückgeht: Dieser beschreibt laut Gerhard im rumänischen Volksglauben einen besonders bösartigen Blutsauger.

In Stokers Vermengung von Fakten und Fiktion spielt auch der rumänische Fürst Vlad Tepes (1431–1476) eine Rolle, dessen Namen und Charakterzüge er sich borgt. Tepes wurde Drăculea genannt, wohl weil er dem Orden der Drachen angehörte und Dracula ein Diminutiv für Draco (Schlange, Drache) ist. Der Original-Dracula selbst war lange vor Stoker schon Anlass für Horrorgeschichten. Der Ethnologe Dieter Harmening hat Texte gesammelt, die Tepes' Grausamkeit und seinen Blutdurst offenbaren. Er beschreibt ihn als einen »Wüterich und Menschenschlächter, der, im Kampf gegen die Türken, unten in der Walachei, seine grausamen Charakterzüge wirkungsvoll zum Einsatz brachte«. Tepes wird in den Quellen als Feldherr charakterisiert, der Feinde aufspießte, bei lebendigem Leib kochte und verbrannte oder Eltern zwang, ihre Kinder zu essen.

Schon zu Lebzeiten gilt Vlad Tepes als Horrorfürst, dank der gerade erfundenen Drucktechnik verbreiten sich die Berichte über seine Gräueltaten schnell, und er wird als Tyrann an der Schwelle zur Neuzeit in einer Reihe mit Herodes, Nero und Diokletian genannt. Erik Butler weist allerdings darauf hin, dass die Dracula-Narrative aus dem 15. Jahrhundert auch als Beispiel für politische Propaganda gelten können, und dass die Interpretation Tepes' als grausamer und blutrünstiger Gewaltherrscher vom westlichen Blick auf die Geschichte geprägt ist. In rumänischen Legenden wird er noch heute als Held gefeiert, der das Land gegen die Türken und die Deutschen verteidigte. Und der Historiker Heiko Haumann stellt fest: »Wer sich mit der historischen Figur Vlad Drăculeas beschäftigt, wird auch die Legendenbildung um andere historische Persönlichkeiten kritisch beurteilen können.«

Doch obwohl *Dracula* Folklore und Mythen in sich aufsaugt, obwohl Stoker Liebesroman und Abenteuergeschichte, Reiseerzählung und *gothic novel* vermengt, ist das Buch kein altertümliches Schauermärchen, sondern setzt sich intensiv mit dem Hier und Jetzt auseinander. Der Roman beginnt und endet zwar in Transsilvanien. Doch ein Großteil spielt in England und erzählt letztlich vom Wandel der britischen Gesellschaft – und den damit verbundenen Ängsten. Stoker lässt Abraham van Helsing an Dr. Seward gerichtet feststellen: »Oh, Freund John, dies ist eine seltsame Welt, eine traurige Welt, eine Welt voller Elend, Pein und Kummer.« Und den Geschäftsreisenden Jonathan Harker lässt er in sein Tagebuch schreiben:

> Hier sitze ich nun an einem kleinen Eichentisch, an dem einst vielleicht ein holdes Fräulein gedankenverloren und unter ständigem Erröten einen Liebesbrief zu Papier brachte, voller Gefühl und voller Grammatikfehler, und schreibe stenographisch in mein Tagebuch, was sich seit der letzten Eintragung alles ereignet hat. Damit setze ich trotzig ein Zeichen, dass wir uns im 19. Jahrhundert befinden. Und doch, wenn mich meine Sinne nicht trügen, hatten und haben die vergangenen Jahrhunderte ihre ureigene Wirkmächtigkeit, der pure ›Modernität‹ nicht den Garaus machen kann.

Diese modernen Zeiten haben etwas Bedrohliches. »Die Kraft von *Dracula* ist in der Tatsache begründet, dass der Roman auf ein paar hundert Seiten die diffusen Ängste und Spannungen der Zeit, für die er geschrieben wurde, zusammenfasst und ihnen einen Namen gibt«, schreibt Erik Butler. Zum einen steht Dracula als der Meister der Verwandlung und der Täuschung für die kaum zu fassende Bedrohung, die der gesellschaftliche Wandel mit sich bringt. Zum anderen ist es am Ende Draculas Unfähigkeit, mit den Kommunikationsmitteln der modernen Welt Schritt halten zu können, die ihm zum Verhängnis wird. Zwar träumt Dracula vom metropolitanen Leben, wie er Jonathan Harker verrät: »Ich möchte so gern durch die belebten Straßen Ihres gewaltigen London gehen, mitten im Trubel und Treiben der Menschen dort sein, teilhaben an ihrem Leben, ihrem Wandel, ihrem Sterben, eben an allem, was London zu dem macht, was es ist.« Doch als er dort angekommen ist, überfordert ihn das moderne Leben. Der Kampf van Helsings gegen Dracula ist nicht nur der Kampf Gut gegen Böse, es ist auch der Kampf Modernität gegen Tradition. Dracula schreibt Briefe von Hand, während van Helsing und dessen Mitstreiter ultramoderne, schnelle Technologie einsetzen: Sie telegrafieren, phonographieren, nutzen Spiegelreflexkameras oder die damals brandneue Schreibmaschine des Waffenherstellers (!) Remington, auf der Mina Murray über Nacht 60 Seiten tippt. Dagegen sind Vampirzähne machtlos. Dracula erweist sich bei genauerer Betrachtung als eine vormoderne Figur, als »Metapher für Feudalismus und gesellschaftliche Zustände vor einer bürgerlichen Revolution« wie der Schriftsteller Peter O. Chotjewitz feststellt.

In *Dracula* wird der soziale Kampf des Kleinbürgertums gegen den alten Adel ausgefochten und gleichzeitig die westliche Welt gegen den Eindringling vom östlichen Rand beschützt, der letztlich die ganze Ordnung und die Spezies Mensch bedroht, weil er unsterblich ist und sich seine Art durch einen Biss ausbreiten kann. Die Vorstellung, dass die Vampirspezies gemäß der Darwin'schen Lehre des *survival of the fittest* eines Tages die Menschheit verdrängen könnte, hält der Germanist Clemens Ruthner für »eine Horrorvision Stokers, die mit einem um 1900 vorherrschenden Kulturpessimismus und Sozialbiologismus korrespondiert«.

Und tatsächlich: In Stokers Roman verfällt Dracula zwar zu Staub. Aber inzwischen wissen wir, dass er immer wieder zurückkehren wird. Den Ausdruck des Friedens, der zuletzt in Draculas Gesicht zu sehen ist, versucht Erik Butler genau damit zu erklären: »Der Vampir stirbt mit dem Gefühl der

Sicherheit, bald in einer neuen, besseren Verkleidung wiedergeboren zu werden.«

Bereits 1897, im Erscheinungsjahr des Romans, kommt *Dracula* auf die Bühne. Henry Irving, dessen Manager Bram Stoker da immer noch ist, findet die vierstündige Lesung im Lyceum Theatre in London allerdings »furchtbar«. 1924, zwölf Jahre nach Stokers Tod, findet dann die Uraufführung der von Hamilton Deane betreuten dramatischen Bühnenfassung im Prince of Wales Theatre in London statt. Sie bringt es auf 250 Aufführungen, und *Dracula* wird einer der größten Hits in der britischen Theatergeschichte. Deane erarbeitet daraufhin mit dem US-Autor John Balderston eine Broadway-Fassung, die im Jahr 1927 im Fulton Theatre in Manhattan Premiere feiert. Deane denkt sich auch das markante Dracula-Kostüm aus – das Cape mit hochstehendem Kragen, das erst am Broadway und später im Kino der Ungar Bela Lugosi tragen wird.

American Horror Story: Der multimediale Vampir des 20. und 21. Jahrhunderts

We Suck Young Blood: Der Vampir als Popstar

Der Vampir ist erst Grabgespenst im Volksglauben, dann allegorische Figur der Aufklärung und schließlich dämonischer Antiheld der Romantik. Sowohl im 18. als auch im 19. Jahrhundert bleibt er aber ein europäisches Phänomen. Im 20. Jahrhundert entdeckt er Amerika und Amerika ihn. Und dass der Vampir auch heute noch zum Fantasy-Superstar taugt, hat mit seiner Affinität zum Wertesystem der nun den globalen Markt bestimmenden US-Kultur- und Unterhaltungsindustrie zu tun. Die Volkskundlerin Norine Dresser schreibt: »Die drei wichtigsten Anreize, die der Vampir zu bieten hat, passen perfekt zu den amerikanischen Idealen – Macht, Sex und Unsterblichkeit.« Aber auch die Anziehungskraft, die der Vampir auf ein neues Medium ausübt, erklärt diese unerhörte Erfolgsgeschichte. »Zu Beginn des 20. Jahrhunderts treffen zwei neue Elemente aufeinander und gehen eine stabile, äußerst gewinnträchtige Verbindung ein«, schreibt Rainer M. Köppl: »Graf Dracula und der Film. Eine attraktive Figur, in der sich Sex und

Gewalt, Liebe und Tod verbünden, und ein neues Massenmedium, dessen Publikum nach genau diesen Faktoren giert.«

Der vampirische Verwandler und Eroberer hat es sich seither in allen Medien gemütlich gemacht, treibt sein Unwesen in Filmen, Büchern, Comics, TV-Serien und Computerspielen – und er liebt mediale Transfers, wechselt wie Lestat de Lioncourt aus *Chronik der Vampire* oder Edward Cullen aus *Twilight* vom Buch zum Film, wie Vampirella oder Blade vom Comic zum Film oder wie Spike aus *Buffy – Im Bann der Dämonen* von einer TV-Serie zum Comic.

Und welcher Vampir braucht schon einen Sarg in einer muffelnden Gruft, wenn er in allen dunklen Kinosälen dieser Welt zu Hause sein kann? Nachdem der Vampir seinen ersten spektakulären Leinwandauftritt noch in einem expressionistischen deutschen Film hat – Friedrich Wilhelm Murnaus *Nosferatu – Eine Symphonie des Grauens* (1922) –, zieht es dieses lichtscheue Geschöpf ausgerechnet ins sonnige Kalifornien.

Während der Vampir in Hollywood zum Dauergast der Lichtspielhäuser wird, macht er sich in der Unterhaltungsliteratur erst einmal rar. Geschichten, die in steinigen Grabgewölben, alten Friedhöfen, in Schlossruinen spielen, sind zu Beginn des 20. Jahrhunderts kaum gefragt. Auch wenn Stokers Roman *Dracula* aus dem Jahr 1897, der als eine der letzten großen *gothic novels* gelten darf, gezeigt hat, wie man dieses Sujet zu einem zeitgemäßen Stoff machen kann. Eine der wenigen literarisch bedeutsamen Vampirgeschichten, die in der ersten Hälfte des 20. Jahrhunderts erscheinen, ist der Sherlock-Holmes-Fall *Der Vampir von Sussex*, den Arthur Conan Doyle im Januar 1924 veröffentlicht: Holmes und Watson werden von einem Mann beauftragt, der glaubt, dass seine zweite Frau ein Vampir ist.

10 Vampirfilme, die man gesehen haben sollte

Nosferatu – Eine Symphonie des Grauens.
Regie: Friedrich Wilhelm Murnau (Deutschland 1922)

Dracula. Regie: Tod Browning, Karl Freund (USA 1931)

Dracula. Regie: Terence Fisher (Großbritannien 1958)

Tanz der Vampire (*The fearless Vampire Killers*).
Regie: Roman Polanski (Großbritannien 1967)

The Lost Boys. Regie: Joel Schumacher (USA 1987)

Bram Stoker's Dracula. Regie: Francis Ford Coppola (USA 1992)

Interview mit einem Vampir (*Interview with the Vampire*).
Regie: Neil Jordan (USA 1994)

Blade. Regie: Steve Norrington (USA 1997)

So finster die Nacht (*Låt den rätte komma in*).
Regie: Tomas Alfredson (Schweden 2008)

Only Lovers left alive. Regie: Jim Jarmusch (Großbritannien/Deutschland 2014)

Stattdessen boomt Science-Fiction. Dass sich unter den ersten großen Vampirromanen des 20. Jahrhunderts auch einer befindet, der den Blutsauger-Topos mit dem Science-Fiction-Genre zusammenbringt, ist da nur konsequent: Richard Mathesons Debütroman *Ich bin Legende* (1954), der nach einer Vampir-Apokalypse spielt. Zwar taucht das Vampirmotiv zum Beispiel auch in der Lyrik Stefan Georges (*Darfst du bei nacht und bei tag*, 1907), Ingeborg Bachmanns (*Heimweg*, 1956) oder

Johannes Bobrowskis (*Im leeren Spiegel*, 1963) auf, und seit den 1960er Jahren wird der blutsaugende Wiedergänger wieder häufiger zur Romanfigur, die Literatur ist aber nur noch ein Nebenkriegsschauplatz für Vampirgeschichten.

Und obwohl Graf Dracula anfangs der wichtigste Handlungsträger dieses Medienwechsels ist, wird ihm im Lauf der Zeit immer öfter nur noch die Rolle des Stammvaters, des Statisten, der Neben- oder gar Witzfigur zugebilligt. »In diesem angeblich postmodernen Zeitalter der Kurznachrichten, schnellen Datenübertragung und des Spätkapitalismus hat sich das Monster verjüngt«, schreibt Erik Butler. Für den Vampir beginnt die Ära der Diversifikation. Waren Vampirgeschichten im 19. Jahrhundert noch als Subgenre der Schwarzen Romantik, der *gothic novel* einigermaßen greifbar, überschreiten diese nun konsequent neben den Medien- auch die Genregrenzen. Der Vampir ist ein Crossover-Spezialist. Er kann Horror, Fantasy, Science-Fiction, Komödie und Drama.

Und ganz selbstverständlich übernimmt der Vampir für uns inzwischen auch die multimediale Kinderbetreuung: Angela Sommer-Bodenburgs Kinderbuchreihe *Der kleine Vampir* (1979–2015) war bereits Vorlage für zwei TV-Serien und zwei Spielfilme (zuletzt kam im Oktober 2017 eine Trickfilmversion ins Kino). Franziska Gehms *Die Vampirschwestern* (2008–13) hat es auf 13 Bücher und bisher drei Kinofilme gebracht. Auch über David Safiers Fantasy-Roman *Happy Family* (2011), der von den Wünschemanns erzählt, die nach einem Kostümfest in Vampir, Mumie, Werwolf und Frankensteins Monster verwandelt werden, darf seit Sommer 2017 im Kino gelacht werden. In der Disney-Trickfilmserie *Vampirina* (2017–21) geht es um ein kleines Vampirmädchen, das damit klarkommen muss, dass ihre Familie von Transsilvanien nach Pennsylvania umgezogen ist. Auf 104 Folgen bringt es die italienisch-luxemburgisch-deutsche Zeichentrickserie *Die Schule der kleinen Vampire* (2006–10). Und als Klassiker dürfen inzwischen der britische Ulk *Graf Duckula* (1988–93), der von einer vegetarischen Vampirente handelt, die aus Versehen statt mit Blut mit Ketchup wiederbelebt wurde, und natürlich Graf Zahl gelten: Jene Muppetfigur aus der *Sesamstraße*, die Bela Lugosis Dracula nachempfunden ist und Kindern auf der ganzen Welt mit seinem fürchterlichen osteuropäischen Akzent das Zählen beibringt.

Man trifft auf den Vampir aber auch im Jazz (Marion Harris' Interpretation des Stücks *I'm a Jazz Vampire* aus dem Jahr 1920 oder Philly Joe Jones' Bebop-Album *Blues for Dracula* aus dem Jahr 1958). Und im Pop hat er für jeden Geschmack etwas zu bieten. Das Angebot reicht von Eurodance (DJ Bobo: *Vampires are alive*) über Schlager (Jürgen Drews: *Und wir waren Vampire*) bis zu Deutschrock (Udo Lindenberg: *0-Rhesus-Negativ*), er begegnet einem im Reggae (Peter Tosh: *Vampire*), im Hip-Hop (Outkast: *Dracula's Wedding*), im Blues (Loudon Wainwright III: *Vampire Blues*), im Thrash Metal (Slayer: *At Dawn They Sleep*), im Alternative Rock (Radiohead: *We Suck Young Blood*), im Southern Rock (Kings Of Leon: *Closer*), im Postpunk (Bauhaus: *Bela Lugosi's Dead*) – und er verkleidet sich natürlich gerne als Emo (My Chemical Romance: *Vampires Will Never Hurt You*).

Erneut erweist sich der Vampir als ein Grenzgänger, der einen mit seinen immer neuen Verwandlungen überrascht und unterhält: In Zeiten, in denen sich die Erzählungen mehr und mehr verkomplizieren, verschachteln, das serielle Fortschreiben von Geschichten im Fernsehen, in der (Trivial-)Literatur und im Kino zur wirtschaftlichen Notwendigkeit geworden ist, um Verwertungsketten aufzubauen, ist es nicht verwunderlich, dass sich viele Vampirstorys zu Entwicklungsromanen aufgebläht haben. Im 20. und 21. Jahrhundert sind die Erscheinungsformen des Vampirs vielfältiger als je zuvor, und mehr denn je widersetzt er sich jeder Kategorisierung.

Ich will trotzdem versuchen, ein bisschen Ordnung in den Vampir-Diskurs zu bringen und diesen anhand von fünf besonders häufig auftretenden Vampir-Inszenierungen sortieren. Ich beschränke mich dabei auf den Vampir als Dracula-Variation (1), als Außenseiter und Zeitgenosse (2), als Teenie-Schwarm (3), als Crossover-Spezialist (4) und als Lachnummer (5). Natürlich gibt es zwischen diesen Kategorien Überschneidungen, und selbstverständlich ließen sich weitere ergänzen (der Vampir als Sexstar, der Vampir als Politmetapher).

Brennen muss Salem: Der Vampir als Dracula-Variation

Ein Geschäftsmann kehrt nach einer gefährlichen Reise zurück, schließt seine Frau in die Arme, glaubt, alles überstanden zu haben. Doch da entsteigt schon ein kahles, dürres Männlein einem Geisterschiff. Unter seinem Arm klemmt ein Holzsarg. Es huscht durch das Hafentor, an einer Kirche vorbei, durch einen Park, bleibt schließlich kurz vor dem Haus stehen, in dem sich das Paar in den Armen liegt. Eine Großaufnahme zeigt das grausige Gesicht dieses Wesens, die spitzen Ohren, die riesige Nase, die langen, hervorstehenden Schneidezähne und die irren Augen, durch die Verlangen und Vorfreude zu zucken scheinen.

Der erste Kino-Dracula heißt nicht Dracula, sondern Orlok. Friedrich Wilhelm Murnaus *Nosferatu – Eine Symphonie*

Ein Meisterwerk des deutschen expressionistischen Films: Friedrich Wilhelm Murnaus *Nosferatu* aus dem Jahr 1922.

des Grauens (1922) erzählt von einem grotesken, rattenartigen Monstergrafen (Max Schreck), der in einer Burg in den Karpaten haust, vom Maklerangestellten Thomas Hutter (Gustav von Wangenheim) ein Haus in Wisborg kauft, anschließend das idyllische deutsche Hafenstädtchen heimsucht und Hutters Frau Ellen (Greta Schröder) begehrt. Diese wird sich am Ende für das Gesamtwohl opfern, sich im Morgengrauen von dem Vampir beißen lassen und Orlok, der dem Tageslicht nicht rechtzeitig entkommen kann, in den Tod reißen – und damit auch dem großen Sterben in Wisborg ein Ende setzen.

Der Plot dieses Klassikers des expressionistischen Stummfilms erinnert nur vage an Bram Stokers Buch. Murnaus Drehbuchschreiber Heinrich Galeen, von dem auch das Script für

Golem, wie er in die Welt kam (1920) stammt, geht frei mit Stokers Vorlage um, ändert Orte und Namen (Dracula wird zu Orlok, Harker zu Hutter, van Helsing zu Bulwer, Renfield zu Knock, Mina und Lucy verschmelzen zu Ellen, London wird zur deutschen Hafenstadt Wisborg), und Orlok ist nicht der distinguierte Graf Bram Stokers, sondern ein mit Klauen bewaffnetes Monster. Im Programmheft der Uraufführung am 5. März 1922 in Berlin wird Stokers *Dracula* trotzdem als Vorlage genannt, und Stokers Witwe Florence führt daraufhin einen der ersten Plagiatsprozesse der Filmgeschichte. Ihre Anwälte, die behaupten, dass es sich bei dem Film um eine unautorisierte Adaption handle, bekommen in dem Urheberrechtsstreit Recht. 1925 ordnet das Gericht die Vernichtung sämtlicher Kopien an. Nur weil sich diese bereits im Ausland befinden, bleibt der Film erhalten.

Murnaus Film ist ein Meisterwerk der Licht- und Schattensetzung – er zeigt Orlok als Eindringling, der vom Osten kommend den Westen erobern will, in seinem Gefolge Ratten und die Pest. 1979 wird Werner Herzogs *Nosferatu – Phantom der Nacht* mit Klaus Kinski und Isabelle Adjani an Murnaus Film anknüpfen und den Vampirismus noch deutlicher als tödliche Epidemie interpretieren. E. Elias Merhiges Hommage *Shadow of the Vampire* (2001) wird sich dagegen eine kuriose Entstehungsgeschichte für Murnaus *Nosferatu* ausdenken: Max Schreck (Willem Dafoe), der von Murnau (John Malkovich) für die Hauptrolle engagiert wird, ist tatsächlich ein Vampir, wird aber von allen für einen *method actor* gehalten, der auch dann die Rolle des Orlok spielt, wenn die Kamera gerade nicht läuft.

Murnaus *Nosferatu – Eine Symphonie des Grauens* ist die erste von zahllosen filmischen Dracula-Variationen. Während

Polidoris *Der Vampyr* und dessen Lord Ruthven den Vampirdiskurs im 19. Jahrhundert bestimmen, gibt im 20. Jahrhundert Bram Stokers Graf Dracula den Ton an.

Keine literarische Figur taucht häufiger in Kino- und Fernsehfilmen sowie TV-Serien auf. Dracula ist samt all den Eigenschaften, die ihm Stoker zuschreibt, lange Zeit »der dominierende Prototyp der westlichen Vampirfiguren des 20. Jahrhunderts«, stellt Thomas M. Bohn fest. Allerdings sind es mitunter ausgesprochen eigenwillige, sich dem Original in keiner Weise verpflichtet fühlende Interpretationen, die den Namen oft nur als Synonym für Vampir verwenden. Dracula wird zur Projektionsfläche der Bearbeitungen, die sich weder an die Handlung von Stokers Roman noch an die durchaus präzise Beschreibung halten, die der junge Rechtsanwalt Jonathan Harker nach seiner ersten Begegnung mit dem Grafen in Transsilvanien liefert:

> Das Gesicht: adlerähnlich, sehr sogar, nicht zuletzt dank einer kräftigen Nase mit scharf gebogenem Rücken und seltsam geschwungenen Nüstern. Die Stirn hoch und gewölbt; das Haar an den Schläfen dünn, sonst aber voll. Die sehr dichten Augenbrauen wachsen über der Nasenwurzel fast zusammen und scheinen sich vor lauter Buschigkeit zu kräuseln. Der Mund – soweit unter dem mächtigen Schnurrbart sichtbar – starr und von beinahe grausamem Ausdruck; die weißen Zähne wirken scharf und ragen über die Lippen, deren bemerkenswerte Röte eine erstaunliche Lebenskraft für einen Mann seines Alters bekunden. Die Ohren dagegen farblos und oben extrem spitz; das Kinn breit und kräftig; die Wangen fest, aber mit wenig Fleisch bedeckt. Die Haut ganz allgemein außerordentlich blass.

Auf Max Schreck in *Nosferatu – Eine Symphonie des Grauens* trifft diese Beschreibung ebenso wenig zu wie auf Bela Lugosi in Todd Brownings *Dracula*, mit dem 1931 das Goldene Zeitalter der Monsterfilme der Universal Studios beginnt. Wie Murnau von Barkers Witwe verklagt zu werden, muss der Produzent Carl Laemmle Jr. nicht befürchten, beruht doch das Drehbuch auf der autorisierten Bühnenfassung, die erst in London und dann in New York Erfolge gefeiert hat. Am Broadway spielt ein Ungar namens Bela Lugosi die Rolle des Grafen Dracula. Nachdem Lon Chaney Sr., eigentlich für die Titelrolle des Kinofilms vorgesehen, kurz vor Drehbeginn stirbt, springt Lugosi ein und wird vom Theater- zum Hollywoodstar.

Bela Lugosi stellt all das dar, was heute noch als Dracula-typisch gilt: Eleganz, Fremdartigkeit, Aristokratie, Gefährlichkeit, Dämonie. Zwar merkt man Brownings Film die Theatervergangenheit seiner Vorlage an – es wird mehr geredet als gehandelt –, doch der rund eine halbe Million Dollar teure Film wird 25 Millionen Dollar einspielen. Laemmle wittert von Anfang an das Gewinnpotenzial und produziert den Film parallel auch noch mit einem Spanisch sprechenden mexikanischen Ensemble: George Melford hat dafür gerade einmal 70 000 Dollar zur Verfügung und dreht in den Originalkulissen immer dann, wenn Browning gerade Feierabend gemacht hat; der Film wird noch vor der englischsprachigen Fassung in Mexiko uraufgeführt.

Lugosi verkörpert angeblich insgesamt 5000 Mal Dracula – auf Theaterbühnen, in Radioshows, im Fernsehen und im Kino. Er mimt auch in Interviews den Vampir, spielt in der Slapstick-Farce *Abbott und Costello treffen Frankenstein* (1948) die Rolle des Grafen Dracula, ist immer nah dran an der Witzfigur, wird mit seinem manierierten Sprachstil Vorbild für die Muppetfigur Graf Zahl aus der *Sesamstraße*, steht in seinen letzten Lebensjahren (als andere Rollenangebote ausbleiben) mehrmals für den Trash-Filmer Ed Wood vor der Kamera – und wird 1956 auf Wunsch seines Sohnes und seiner Frau im Dracula-Kostüm beigesetzt. Der Schauspieler Peter Lorre soll zu seinem Kollegen Boris Karloff am offenen Sarg gesagt haben: »Boris, was denkst du, müssten wir ihm jetzt nicht einen Pfahl durch sein Herz bohren?«

Zwei Jahre nach Lugosis Tod kommt es tatsächlich zur Wiederauferstehung Draculas. 1958 bringt die britische Produktionsfirma Hammer Films den Horrorfilm *Dracula* heraus, in dem erstmals Christopher Lee die Rolle des Vampirgrafen spielt und in dem das Blut dank Technicolor endlich dunkelrot fließen kann. Es ist eine der erfolgreichsten Hammer-Films-Produktionen, deren große Zeit kurz zuvor mit dem Monsterfilm *Frankensteins Fluch* (1957) begonnen hat. Hammer Films bringt jede Form von Horror auf die Leinwand: Mumien, Werwölfe, Frankensteins Monster und 1958 eben auch Dracula. Jimmy Sangsters Drehbuch orientiert sich an Bram Stokers Romanvorlage, streicht Renfield und Lucys Verehrer, verknappt den Plot. Vor allem geht es um die Gegenüberstellung von Gut und Böse, von Van Helsing und Dracula – Peter Cushing und Christopher Lee, die schon in *Frankensteins Fluch* als Victor Frankenstein und Frankensteins Monster aufeinandergetroffen sind. Die beiden werden, wie Rainer M. Köppl schreibt, die »unsterblichen Horrorzwillinge« des britischen Trashfilm-Unternehmens. Christopher Lee wird sieben Mal für Hammer Films Dracula spielen, den Grafen ähnlich wortkarg und elegant-dämonisch interpretieren wie Bela Lugosi, mit seiner markdurchdringenden Bassstimme und seiner Statur (er war 1,93 Meter groß) aber eine noch einschüchternde

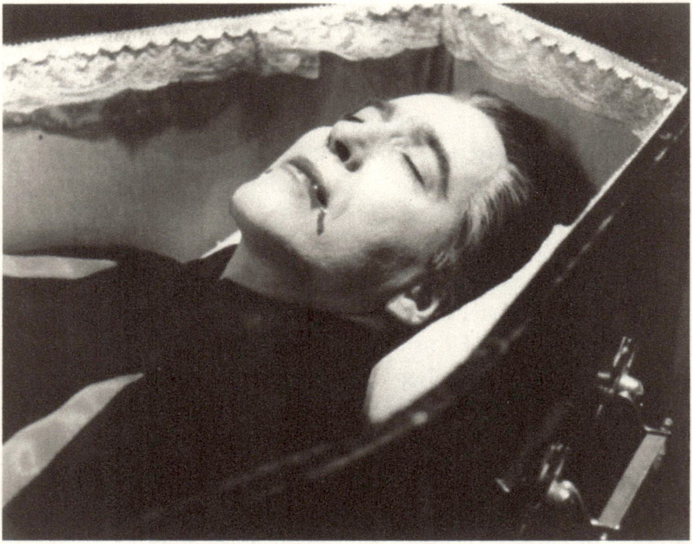

Der Gentleman-Vampir des Technicolor-Zeitalters: Christopher Lee in *Dracula* (1958).

Leinwandpräsenz haben, selbst dann, wenn er wie in *Blut für Dracula* (1965) stumm bleibt. »Das war der einzige Film, in dem ich kein einziges Wort sagte«, verriet Lee (1922–2015) in einem Interview: »Ich mache Geräusche, aber ich rede nicht. Der Grund? Es könnte daran gelegen haben, dass sie keine Idee hatten, was sie mich sagen lassen sollten. Eigentlich hatte ich ziemlich viel Text, aber die Dialoge waren so schlecht, dass ich mich geweigert habe, meinen Text aufzusagen.«

Der Siegeszug der Vampire in den 1960er Jahren wird auch dadurch möglich, dass Sex und Gewalt jetzt recht freizügig und explizit gezeigt werden dürfen. Und die Filmtechnik hilft dabei, dies alles prächtig in Szene zu setzen. Vorher war der Horror subtil. Nun wird er detailversessen an der Oberfläche zelebriert. Hammer Films liebt das Rot des Bluts in Technicolor, eine drastische Filmsprache, triviale Konflikte, die klare Rollenverteilung beim Kampf Gut gegen Böse. Und weil die Regisseure der Hammer-Horrorfilme oft mit einem kleinen Budget auskommen müssen, setzt man statt auf spektakuläre Spezialeffekte auf opulente Ausstattung und die Kombination aus Horror und Erotik. Erst Anfang der 1970er Jahre setzt langsam der Niedergang von Hammer Films ein. Doch das bedeutet keinesfalls das Ende Draculas.

Denn längst haben auch andere Produktionsfirmen das kommerzielle Potenzial des Vampirstoffs entdeckt und borgen sich gerne auch Christopher Lee für ihre Filme aus. So dreht der Spanier Jess Franco mit Lee als Dracula und Klaus Kinski als Renfield bereits 1969 den Film *Nachts, wenn Dracula erwacht*, der allerdings erst drei Jahre später fertiggestellt wird. Es ist der Versuch einer werktreuen Bram-Stoker-Adaption, die letztlich aber am geringen Budget scheitert. In Dan Curtis' *Dracula* (1973) mit Jack Palance in der Titelrolle wird erstmals explizit ein Bezug zwischen Dracula und Vlad Tepes hergestellt und Mina als Seelenverwandte der einstigen Verlobten Vlads charakterisiert (eine Idee, die später auch Francis Ford Coppolas Adaption prägen wird). 1974 mischt sich Andy Warhol ins Vampirgeschäft ein – zumindest als Produzent. Bei *Andy Warhol's Dracula* führt Paul Morrissey Regie. Udo Kier spielt den Grafen, der eine Braut sucht, die seine altmodischen Werte teilt, als eine Bela-Lugosi-Parodie. Auch sonst vergnügt sich der Film mit den Stereotypen, die der Vampirfilm-Boom inzwischen generiert hat. Und am Ende wird Dracula von

Beliebte Figuren
in Film und TV

Quelle: imdb.com, Stand: Juni 2017

einem marxistischen Rebellen vernichtet. Eher traditionell kommt dagegen John Badhams *Dracula* daher, ein Kassenschlager des Jahres 1979. Erneut wird ein Darsteller als Dracula verpflichtet, der diese Rolle bereits am Broadway gespielt hat: Frank Langella. Laurence Olivier ist van Helsing, Donald Pleasence Dr. Seward.

Doch auch abseits des Kinos erwacht Dracula in den 1970er Jahren wieder zum Leben. Stephen Kings *Brennen muss Salem* (1975), mit dem eine neue Ära des Vampirromans ihren Anfang nimmt, spielt wie fast alle Romane des US-Bestsellerautors in einer Kleinstadt in Maine: Der Schriftsteller Ben Mears kehrt nach 25 Jahren nach Jerusalem's Lot zurück, die Kleinstadt, in der er aufwuchs. Im Marsten-Haus haben sich einst schlimme Dinge ereignet und wieder (oder immer noch) scheint sich hier eine böse Macht eingenistet zu haben. Ausgangspunkt für *Brennen muss Salem* ist die Frage, was wohl passieren würde, wenn Dracula ins Amerika des 20. Jahrhunderts käme. Kings Dracula heißt Kurt Barlow, ist Österreicher und kauft in Salems Lot Immobilien, sein menschlicher Gehilfe heißt nicht Renfield, sondern Richard Straker, und aus dem Universalgelehrten van Helsing ist der halbwüchsige Groschenheftleser Mark Petrie geworden, der sein Vampirwissen Schundromanen und Horrorfilmen verdankt.

Stephen King versteht *Brennen muss Salem* selbst als eine Art entsexualisierte Version von *Dracula*, wie er in *Danse macabre* ausführt:

> Als ich meinen eigenen Vampirroman *Salem's Lot* [so der Originaltitel von *Brennen muss Salem*] schrieb, entschied ich mich dafür, weitgehend auf die sexuellen Untertöne zu verzichten, weil ich der Auffassung war, dass in einer Ge-

sellschaft, in der Homosexualität, Gruppensex, Oralverkehr und sogar – Gott stehe uns bei – Natursekt Gegenstand öffentlicher Betrachtungen geworden sind (ganz zu schweigen von, wenn man der Forum-Kolumne im *Penthouse* glaubt, dem Sex mit verschiedenen Früchten und Gemüsesorten), dem sexuellen Motor, der einen Großteil von Stokers Buch antrieb, inzwischen das Benzin ausgegangen sein könnte.

Einige andere Autoren haben sich mittlerweile an *Dracula*-Fortschreibungen versucht. Robert Saberhagens Roman *The Dracula Tapes* (1975) gibt sich als die Abschrift eines Diktats Draculas aus, in der sich der Graf als der große Missverstandene darstellt und sich verteidigt. In Kim Newmans Alternate-History-Roman *Anno Dracula* (1992) hat Dracula van Helsing und seine Mitstreiter besiegt, Großbritannien erobert, und Vampire sind im Jahr 1888 selbstverständlicher und einflussreicher Teil der Gesellschaft – Dracula hat Königin Victoria geheiratet und Lord Ruthven (aus Polidoris *Der Vamypr*) ist Premierminister.

Es gibt Zeitreisen wie Brian Aldiss' *Dracula Unbound* (1991), Innenansichten wie Roderick Anscombes *Das geheime Leben des László Graf Dracula* (1994), Fortsetzungen wie Freda Warringtons *Dracula – Der Untote kehrt zurück* (1997) oder *Dracula – Die Wiederkehr* (2009) von Dacre Stoker und Ian Holt sowie virtuose Spiele mit den Dracula-Motiven, zum Beispiel in Elizabeth Kustovos Roman *Der Historiker* (2005) oder John Marks' *Fangland* (2007).

Die bisher letzte bedeutsame filmische Adaption ist Francis Ford Coppolas Horror-Liebesdrama *Bram Stoker's Dracula* aus dem Jahr 1992: 40 Millionen Euro teuer, prächtig ausgestattet, mit zahllosen Stars (Gary Oldman, Winona Ryder, Keanu Reeves, Anthony Hopkins) besetzt und mit drei Oscars ausgezeichnet. Coppola hält sich ziemlich penibel an Stokers Figurenarsenal, zitiert die Murnau- und Browning-Filme ebenso wie Cocteaus *Die Schöne und das Biest*, verziert die Story mit jeder Menge Film- und Kunstgeschichte.

2013 wird Dracula zwar auch mal kurz zum Titelhelden einer TV-Produktion: Daniel Knaufs Serie *Dracula* spielt Ende des 19. Jahrhunderts in London und mischt Bram Stokers Personal ein wenig auf. Doch trotz des diabolischen Charmes von Jonathan Rhys Meyers und der atmosphärischen Inszenierung schickt der Sender NBC Dracula schon nach einer Staffel zurück in seine Gruft.

Zwar darf der Graf in der Netflix-Animationsserie *Castlevania* (2017–21), die auf einem Konami-Videospielklassiker aus den 1980er Jahren beruht, derzeit wieder einmal als Bösewicht herhalten, tatsächlich aber verliert der Dracula-Stoff innerhalb der Vampirerzählungen seit den 1970er Jahren mehr und mehr an Bedeutung. Die Konkurrenz ist groß, und Stokers Graf muss sich inzwischen auch mal mit kleinen Gastauftritten begnügen. In der ersten Episode der fünften Staffel der TV-Serie *Buffy – Im Bann der Dämonen* (1997–2003) verirrt sich Dracula beispielsweise nach Sunnydale, Kalifornien. Dort wird er von der Vampirjägerin Buffy Summers und ihren Freunden verhöhnt. Sie machen sich über seinen fremdländischen Akzent lustig, unterstellen, dass er sich diesen bei Graf Zahl aus der *Sesamstraße* abgeschaut habe. Und als er sich als Dracula zu erkennen gibt, fragt Buffy: »Bist du dir sicher, dass das vielleicht nicht doch bloß so ein Fanboy-Ding ist? Du musst wissen, ich habe mehr als einige pickelige, übergewichtige Vampire verprügelt, die sich selbst Lestat nannten.«

Wir sind die Nacht:
Der Vampir als Außenseiter und Zeitgenosse

Dass sich die Vampirjungs in *Buffy – Im Bann der Dämonen* lieber Lestat als Dracula nennen, hat damit zu tun, dass Anne Rices Roman *Gespräch mit einem Vampir* (1976) und mehr noch Neil Jordans Verfilmung *Interview mit einem Vampir* (1994) den Blutsauger wie einen coolen Rockstar aussehen lassen.

Am Ende von Jordans Film, während ein rotes Cabriolet durch die Nacht und über die Golden Gate Bridge rast, machen sich Guns N' Roses über die Rolling-Stones-Nummer *Sympathy For The Devil* her. Auf dem Beifahrersitz kauert der Reporter Daniel Malloy (Christian Slater), der eben noch glaubte, die Story seines Lebens ausgegraben zu haben. Doch jetzt – mit dieser Bisswunde am Hals – ist er sich da nicht mehr so sicher. Die Geschichte, die ihm der Vampir Louis de Pointe du Lac (Brad Pitt) zuvor erzählt hat, ist ungeheuerlich: Sie beginnt 1791 auf den Plantagen von New Orleans, führt ins dekadente Paris des späten 19. Jahrhunderts und schließlich zurück in die USA und ins 20. Jahrhundert. Sie handelt von Lestat de Lioncourt (Tom Cruise), der Louis einst zum Vampir gemacht hat, von der zehnjährigen Claudia (Kirsten Dunst), die als Untote für immer im Körper eines Kindes gefangen ist, und sie handelt von Louis, einem beseelten Vampir, der das Kino lieben lernt, weil er nur dort Sonnenaufgänge erleben kann, ohne dabei in Flammen aufzugehen.

Interview mit einem Vampir, die Verfilmung des ersten und besten Romans der *Chronik der Vampire* von Anne Rice, bietet großartiges Ausstattungskino mit tollem Ensemble. Das gilt zwar auch schon für Francis Ford Coppolas *Bram Stoker's Dra-*

cula, der zwei Jahre zuvor ins Kino kommt, trotzdem wird Neil Jordans Film aus dem Jahr 1994 den Vampirdiskurs in der Popularkultur künftig stärker bestimmen. Weil der Film dem Buch folgend nicht aus der Perspektive der Menschen, sondern aus der der Vampire erzählt und sich so vom Horror- in einen Fantasyfilm verwandelt. Und weil seine Vampire verdammt sexy sind (neben Tom Cruise und Brad Pitt zeigt auch Antonio Banderas Zähne). Von der *Twilight*- bis zur *Underworld*-Saga, von *Buffy – Im Bann der Dämonen* bis zu *True Blood* – nahezu alle Vampirstorys haben sich später mal mehr, mal weniger deutlich bei Neil Jordans Film beziehungsweise bei Anne Rices Romanvorlage bedient.

Rice hat mit ihrer elfbändigen *Chronik der Vampire*, die im Jahr 2022 auch Vorlage für eine Stoff virtuos variierende TV-Serie wurde, ein ganz eigenes Vampir-Universum geschaf-

10 Vampirserien, die man gesehen haben sollte

1966–71	*Dark Shadows*
1997–2003	*Buffy – Im Bann der Dämonen*
2008–14	*True Blood*
2009–17	*The Vampire Diaries*
Seit 2011	*American Horror Story*
2013/14	*Dracula*
2014–16	*Penny Dreadful*
2014–17	*The Strain*
2016–19	*Preacher*
2016–21	*Van Helsing*

fen. Dort gibt es auch Platz für matriarchalische Fantasien, wenn Rice in *Die Königin der Verdammten* (1985) Akasha zur Herrscherin der Vampire ernennt, die dadurch Frieden finden will, dass sie alle Männer ausrottet. Vor allem hat sie aber die Sichtweise auf den Vampir entscheidend verändert. Obwohl auch in den frühen Vampirgeschichten der Blutsauger Titelheld war (Polidoris *Der Vampyr*, Le Fanus *Carmilla*, Stokers *Dracula*), war der Dämon nie Hauptfigur. Erzählinstanz war immer das menschliche Gegenüber. Bei Rice erfolgt jedoch ein dramatischer, folgenschwerer Perspektivenwechsel. Der Vampir wird zum (Ich-)Erzähler. Man betrachtet, bewertet die Welt durch die Augen von Louis de Pointe du Lac oder Lestat de Lioncourt. Der Vampir ist damit nicht mehr ein Schreckgespenst, sondern ein Protagonist, dessen Beweggründe und Handlungen nachvollziehbar, nacherlebbar gemacht werden – selbst dann, wenn sie grotesk, gewalttätig oder pervers sind.

Der Vampir ist jetzt einer von uns. Nina Auerbach macht in ihrem Buch *Our Vampires, Ourselves* zwar deutlich, dass eigentlich alle medial repräsentierten Vampire Kinder ihrer Zeit sind und zeitgenössische soziale Themen aufgreifen. Sie ist sogar der Auffassung, dass sich ausgehend von den sich im Wandel befindenden Vampirfiguren die Geschichte der anglo-amerikanischen Kultur erzählen lässt. Seitdem Anne Rice dafür gesorgt hat, dass man sich nicht nur mit dem Vampir identifizieren kann, sondern das auch unbedingt will, sind die Vampirdarstellung und das gesellschaftliche Selbstverständnis aber kaum mehr voneinander zu unterscheiden. Für Auerbach kann der Vampir »alles verkörpern, was wir sind, und gleichzeitig eine furchtbare Mahnung sein, die auf die unendlich vielen Dinge hinweist, die wir nicht sind«.

Am Vampir lassen sich gesellschaftliche Konflikte und Krisen ablesen. Er kann zum Beispiel die Angst vor dem Altern und vor Krankheit sichtbar machen: In dem New-Wave-Horrorfilm *Begierde* (1983), der auf Whitley Stribers Roman *Der Kuss des Todes* (1981) beruht, spielen Catherine Deneuve und David Bowie das Vampirpaar Miriam und John Blaylock. Als John feststellt, dass er nach mehreren Jahrhunderten plötzlich beginnt zu vergreisen, hofft er bei der Gerontologin Sarah Roberts (Susan Sarandon) auf Rettung.

Der Vampir kann auch zum Sinnbild dysfunktionaler sozialer Einheiten werden: In Kathryn Bigelows Neo-Noir-Vampir-Roadmovie *Near Dark* (1987) muss sich der Cowboy Caleb Colton (Adrian Pasdar) zwischen seiner echten und einer Art Vampirfamilie entscheiden. Joel Schumachers Film *The Lost Boys* (aus demselben Jahr), in dem eine Gruppe Teenager einen Vergnügungspark zu ihrem Revier macht, ist, wie Erik Butler feststellt, eine »konservative Kritik der Reagan-Ära an der kaputten amerikanischen Familie«.

Anhand des Vampirs kann man eine hochmoralische Fabel über familiäre Schuld und Sühne entwickeln wie in Park Chanwooks *Durst* (2009). Der Vampir eignet sich als Sinnbild des modernen Hedonismus, wenn in Dennis Gansels Film *Wir sind die Nacht* (2010) Louise (Nina Hoss) als mondäner Vampirvamp ihre Gespielinnen auf der Love Parade rekrutiert. Vampirgeschichten können zur Metapher weiblicher Selbstbestimmung werden wie in *A Girl Walks Home Alone At Night* (2014), einem feministischen iranisch-amerikanischen Vampirdrama, in dem Ana Lily Amirpour von einer namenlosen Vampirfrau erzählt, die sich wie Sean Seeberg in *Außer Atem* anzieht und auf einem Skateboard lautlos durch die Schatten der Nacht gleitet. Und Adam und Eve aus Jim Jarmuschs postmodernistischer Vampirromanze *Only Lovers left alive* (2013) verraten viel über den aktuellen Zustand der Welt, wenn sie ausgerechnet im heruntergewirtschafteten Detroit hausen und sich nach den guten alten Zeiten zurücksehnen, in denen Blut noch wirklich schmeckte.

Nichts ist dem Vampir fremd. Er ist die Bestie, die uns selbst am ähnlichsten geworden ist. Ein Ungeheuer, das vom Rand der Gesellschaft in ihr Innerstes vorgedrungen ist, aber weiß, dass es trotzdem nie wirklich dazu gehören wird. Ein Monster, das uns lehrt, dass die Grausamkeit der Menschen manchmal größer ist als die des Vampirs – in Guillermo del Toros eigenwilligem Debütfilm *Cronos* (1993) ebenso wie in dem Drama *So finster die Nacht* (2008) von Tomas Alfredson, in dem sich das Vampirmädchen Eli in der Tristesse von Stockholms Trabantenstadt Blackeberg versteckt.

Obwohl der Vampir bei Anne Rice ein attraktiver Held ist, der, wie Norbert Borrmann feststellt, die Sehnsucht der Leser nach Schönheit, Macht und Unsterblichkeit befriedigt, leidet er an seinem Anders- und Übermenschsein. Louis de Pointe du Lac erklärt sich in *Gespräch mit einem Vampir*: »Ich hatte nun schon in zwei Jahrhunderten gelebt und gesehen, wie die Illusionen des einen von dem nächsten zerschlagen wurden, war ewig jung und ewig alt gewesen und hatte keine Illusionen mehr, lebte von Augenblick zu Augenblick.« Der Vampir wird zum melancholischen Ausgestoßenen, zum bemitleidenswerten Verdammten. Unsterblichkeit macht einsam und ist entsetzlich langweilig, lehrt uns Anne Rice. Allerdings kann man dieses Ennui-Motiv schon in Stokers *Dracula* entdecken, wenn man Draculas Lächeln am Ende nicht als Aussicht auf Wiederkehr, sondern auf Erlösung interpretiert. In Mina Harkers Tagebucheintrag heißt es:

> Was nun geschah, war wie ein Wunder: Vor unser aller Augen und im Zeitraum eines Atemzugs zerfiel der ganze Körper zu Staub und verschwand.
>
> Mein Lebtag werde ich mich mit Freuden erinnern, welchen Ausdruck die Züge des Grafen vor dem Augenblick der endgültigen Auflösung annahmen. Erstaunlich, dass er eines solchen fähig war. Es lag ein Frieden in seinem Antlitz, den ich dort nie zu schauen vermutet hätte.

Doch ist Dracula tatsächlich glücklich, als er am Ende von Bram Stokers Roman zu Staub zerfällt? Oder ist eine solche Lesart nur die Konsequenz daraus, dass wir uns daran gewöhnt haben, es nicht mit seelenlosen Ungeheuern, sondern mit radikal vermenschlichten Dämonen, mit einer Art empfindsamem, mitunter larmoyanten Superhelden zu tun zu haben? Mit Anne Rice, die den Vampir zu einem coolen Rockstar gemacht hat, ihn zwar als Rebellen, Außenseiter, aber letztlich doch als einen von uns inszeniert, hat im 20. Jahrhundert ein Umdeutungsprozess begonnen, der im 21. Jahrhundert eskalieren wird: die »Amerikanisierung und Domestizierung des Vampirs« (Thomas M. Bohn), die in der Unterhaltungsliteratur, in TV-Serien und im Kino einen neuen Typus hervorbringt: den Highschool-Vampir.

Für immer siebzehn sein: Der Vampir als Teenieschwarm

Bella (Kristen Stewart) himmelt schon einige Tage lang ihren blass-schönen Mitschüler Edward (Robert Pattinson) an, mit dem irgendetwas nicht zu stimmen scheint. Dann stellt sie ihm endlich die entscheidende Frage: »Wie alt bist du?« »Siebzehn«, antwortet er verlegen lächelnd. Doch Bella hakt nach: »Und wie lang bist du schon siebzehn?«, will sie wissen. »Eine ganze Weile«, gibt er zu. Tatsächlich ist Edward schon seit dem Jahr 1919 siebzehn Jahre alt: Seither ist er ein Vampir. Das hindert Bella, die neu ist in dieser Kleinstadt, in der die Sonne nie wirklich scheint, keinesfalls daran, sich in den seltsamen alten Jungen zu verlieben.

Einst waren Vampire Nachtgespenster, hier taugen sie zum Lieblingsschwiegersohn. Die unheimlichen Verführer, die den Tod, aber auch ewiges Leben bringen, haben ausgedient. In der *Twilight*-Saga der Bestsellerautorin Stephenie Meyer, die vier Bücher (2005–08) füllt und in fünf Filmen (2008–12) für das Kino adaptiert wurde, stehen Vampire nicht mehr für das bedrohliche Fremde, für den verzehrenden Eros, für das Es, sondern für den Triebverzicht, für die neue Keuschheit, für Askese. Edward beißt keine Menschen mehr tot, sondern trinkt Tierblut und hält übrigens auch nichts von Sex vor der Ehe. Stephenie Meyer selbst analysiert: »Meine Romane erzählen vom Leben, nicht vom Tod, von der Liebe, nicht von Gewalt. Das sind auch die Gründe für meinen Erfolg.« Der Vampir ist Vorzeige-Spießer, der größtmögliche Assimilation und Selbstbeherrschung vorlebt. Da ist es nur konsequent, dass viele Hundert Seiten nach der ersten Begegnung von Bella und Edward die Umwandlung Bellas zum Vampir weder durch einen Biss noch durch Sex erfolgt, sondern durch eine Injektionsspritze – künstliche Vampir-Befruchtung.

Stephenie Meyers *Twilight*-Bestseller variieren einmal mehr die Geschichte von der verbotenen Teenagerliebe, erzählen von der Schönen, die sich in den Außenseiter verknallt. Nur dass der Schulrebell diesmal nicht Lederjacke trägt und Motorrad fährt, sondern tot ist – und eigentlich auch gar nichts Rebellisches an sich hat. Stattdessen wird die Trivialversion eines Entwicklungsromans mit Poesiealbum-Kitsch und tugendhaften Merksätzen dekoriert. Im Kino wird das Fantasy-Melodram *Twilight* damit enden, dass Edward noch einmal Bella seine Liebe gesteht. »Für immer«, wird er sagen, »und ewig«, wird sie ergänzen. Auf einer Blumenwiese wird das Vampirpaar auf den allerletzten Abspann der Blutsauger-Storys warten, die uns den größten Fantasy-Hype des 21. Jahrhunderts beschert hat. Und wahrscheinlich hat die Mormonin Stephenie Meyer recht: Die Saga dürfte deshalb so erfolgreich sein, weil sie sich der allgegenwärtigen Übersexualisierung, der Freizügigkeit, der Alles-ganz-locker-Mentalität widersetzt und behauptet: Das Konservative ist das neue Rebellische. Obwohl Meyers Bücher ein erschreckend reaktionäres Weltbild präsentieren und die Vampirlegenden ad absurdum führen, haben sie sich inzwischen weltweit rund 85 Millionen Mal verkauft. Über den Erfolg der *Twilight*-Saga freuen sich nicht nur Meyer, ihr Verlag und das Studio, das die Kinofassungen produziert hat, sondern auch religiös-reaktionäre Kreise in den USA. Schließlich wird darin mit Blümchen verziert Enthaltsamkeit gepredigt. Die Cullens leben den jugendlichen, vorwiegend weiblichen Twilight-Fans die Freuden der sexuellen Abstinenz vor, der Fantasy-Überbau wird letztlich zu einer bieder-verklemmten Chiffre der Selbstbeherrschung: Wenn sich Bella im *New Moon*-Band Edward am liebsten ganz hingeben, zum Vampir werden möchte, geht es natürlich um erotisches Begehren. Und wenn sich Edward heroisch diesem Wunsch widersetzt und schließlich alle sexuellen Verrätselungen auflöst, indem er sagt, dass er nur unter der Bedingung bereit ist, sie zum Vampir zu machen, wenn sie ihn vorher heiratet, wird damit genau die erzkonservative Kein-Sex-vor-der-Ehe-Doktrin propagiert, die schon jetzt den Sexualkundeunterricht an den meisten US-Schulen in Lektionen der Enthaltsamkeit verwandelt hat. Anders als die meisten Fans scheint aber zumindest Robert Pattinson, der den Vorzeigevampir jahrelang tapfer gespielt hat, die Sache durchschaut zu haben: In einem Interview hat er gesagt, er fände, dass im *Twilight*-Drehbuch die Beschreibung seines Charakters »doch gleich von der ersten Seite an total lächerlich« sei. Meyers Vampirfamilie Cullen hat sich selbst domestiziert, von allen Leidenschaften und Begierden gereinigt, sich perfekt angepasst. Gegen diese bleichsterilen Menschennachahmer wirken die echten Menschen in dem kleinen Städtchen Forks in Washington jedenfalls eher wie Tiere, die sich ungeniert im Dreck wälzen.

Das gefällt nicht jedem. Stephen King etwa reagiert trotzig, erklärt den Ärger über diese zahnlosen, blutleeren Vampire 2010 im Vorwort der Graphic Novel *American Vampire*, die er mit Scott Snyder und Rafael Albuquerque entwickelt hat, sogar zu seiner Motivation: »Vor allem ging es mir darum, den Blutsaugern den Biss zurückzugeben, der ihnen durch die Softie-Vampir-Welle verloren gegangen war.«

Die *Twilight*-Saga hat die Highschool-Vampir-Welle allerdings nicht erfunden, sondern nur zum Hype gemacht. Schon Joss Whedons TV-Serie *Buffy – Im Bann der Dämonen* (1997–2003) verwendet den Vampirmythos als metaphorische Klammer, die die Konflikte des Erwachsenwerdens überhöht, erzählt von der unmöglichen Liebe zwischen einem beseelten Vampir und einem Highschool-Mädchen. Anders als Edward entscheidet sich der Vampir Angel allerdings nicht freiwillig für die Enthaltsamkeit, sondern wird durch einen Fluch dazu gezwungen.

Außerdem erscheinen bereits 1991 die ersten drei Bände von Lisa Jane Smiths Jugendbuchreihe *Tagebuch eines Vampirs*. Die Saga, die als eine Art Teenagerversion von Anne Rices *Gespräch mit einem Vampir* konzipiert ist, erlebt allerdings erst nach dem *Twilight*-Boom einen Popularitätsschub, wird 2008 neu aufgelegt, fortgesetzt (erst von Smith selbst, dann von Ghostwritern) und wird 2009 Vorlage für Kevin Williamsons TV-Serie *Vampire Diaries*, die den Vampiren einmal mehr den Zahn zieht.

Elena (Nina Dobrev), ein verträumtes, eifrig in ihr Tagebuch schreibendes Mädchen, verliebt sich an der Highschool von Mystic Falls in einen neuen, stets geheimnisvoll nichtssagend dreinblickenden Jungen namens Stefan (Paul Wesley, der versucht, wie James Dean und zumindest wie Robert Pattinson aus der *Twilight*-Saga auszusehen). Dieser ist natürlich ein Vampir und schon 150 Jahre alt. Aber er ist einer der guten, einer, der brav sein untotes Dasein erduldet und kein Menschenblut mehr zu sich nimmt – anders als sein Bruder Damon (Ian Somerhalder), der vor allem eines kann: diabolisch grinsen.

Schon in der Pilotepisode von *The Vampire Diaries* weist alles darauf hin, dass es die Serie nur gibt, weil die Produzenten von der Teenager-Vampir-Hysterie profitieren wollten. Sie hatten Erfolg: Die Serie wird erst nach 171 Episoden und acht Staffeln im März 2017 abgesetzt und bringt das Spin-off *The Originals* hervor. Smith hat inzwischen die Rechte an der *Tagebuch eines Vampirs*-Geschichte an ihren ehemaligen Verlag abgegeben und schreibt ihre Version der Geschichte stur als *fan fiction* weiter.

Die Zahl der Vampir-Melodramen für die Generation Emo ist kaum zu überschauen. Für alle, denen die *Twilight*-Romane nicht trivial genug sind und die sich von der Serie *Vampire Diaries* überfordert fühlen, gibt es beispielsweise die *House of Night*-Reihe von Phyllis Christine Cast und ihrer Tochter Kristin Cast, die wie *Hanni & Nanni* mit Vampiren daherkommt, sich die Ideen bei den *Harry Potter*-Romanen (das geheimnisvolle Internat) und den *Twilight*-Büchern (die Teenager-Vampirromanze) borgt und inzwischen zu einer zwölfbändigen Saga angewachsen ist.

2007 erscheint der erste Band: In *Gezeichnet* geht es um die 16-jährige Zoey, die auserkoren ist, sich in einen Vampir zu verwandeln. Sie verlässt ihre Familie und zieht ins House of Night, ein Vampir-Internat. Bald stellt sich heraus, dass die Vampirgöttin Nyx etwas Besonderes mit Zoey vorhat. Es passiert nicht wirklich viel auf den 464 Seiten. Mehr als eine mit Mystery angereicherte Internatsgeschichte – samt üblicher Verwicklungen – bekommt man nicht zu lesen. Dafür häuft das Autorinnenduo in der Buchreihe jede Menge Wortschrott an. Kein leichter Job für Christine Blum, die die Bände für Bastei-Lübbe ins Deutsche übersetzt hat. Textprobe aus *Gezeichnet*: »Die Worte glitten durch den Raum auf mich zu, gefährlich und verführerisch, wie Blut, gemischt mit geschmolzener Schokolade.« Textprobe aus *Bestimmt*: »Stevie Rae ignorierte geflissentlich Dallas' überheblichen Blick und das boshafte Gelächter, das wie billiges Parfüm von Nicol herüberwehte.«

Ähnlich unoriginell ist Richelle Meads sechsbändige Saga *Vampire Academy* (2007–10), fortgeschrieben in der *Bloodlines*-Reihe (2011–15). Der erste Band mit dem Titel *Blutschwestern* dient als Vorlage für den Teeniefilm *Vampire Academy* (2014), in den sich aus unerfindlichen Gründen (es dürfte mit viel Geld zu tun gehabt haben) Gabriel Byrne als Vampir-Monarch Victor Dashkov verirrt hat. Die Ich-Erzählerin Rose

Hathaway (Zoey Deutch) stellt zu Beginn des Films das hier gültige Vampir-Regelwerk vor: Die guten Vampire sind die Moroi, sie tragen keine schwarzen Umhänge, verwandeln sich nicht in Fledermäuse, schlafen nicht in Särgen und kommen ganz gut mit Tageslicht klar. Sie wissen sich auch in der Schul-Cafeteria, in der freiwillige Blutspender bereitstehen, anständig zu benehmen, wischen sich nach dem Trinken den Mund ab und gehen regelmäßig zur Kirche. Und wenn sie mal nicht brav waren, zum Beispiel einen Menschen getötet haben, verwandeln sich die Moroi in einen Strigoi, einen bösen nachtaktiven Vampir, der nur mit einem silbernen Spieß getötet werden kann. *Vampire Academy* ist ein Mix aus *Twilight*, *Harry Potter* und *Plötzlich Prinzessin*, vor allem aber ein fades Highschool-Teenagerdrama.

Und sogar Sheridan Le Fanus Carmilla muss inzwischen wieder zur Schule gehen. Immerhin aber nicht auf die Highschool, sondern aufs Collage. Die kanadische Single-Frame-Webserie *Carmilla* (2014–16) erzählt ihre Geschichte in Form des Videotagebuchs von Laura (Elise Bauman), einer Erstsemester-Studentin an der Sila Universität in der Steiermark. Während Laura versucht herauszufinden, warum ihre Mitbewohnerin plötzlich verschwunden ist, zieht bereits die nächste bei ihr ein: Carmilla (Natasha Negovanlis), die sich als lesbischer Vampir erweist. Diese *Carmilla*-Variation ähnelt dabei allerdings weder den zahllosen Fantasy-Teenie-Schmonzetten, die dem *Twilight*-Hype nacheifern, noch hat sie irgendwelche Gemeinsamkeiten mit den schlüpfrigen Männerfantasien, die sich vor allem in den 1970er Jahren filmisch-spekulativ an Le Fanus Novelle abgearbeitet haben. Stattdessen erinnert die anspielungsreich und virtuos erzählte Internetserie mit ihrem komplett weiblichen Ensemble und dem Bekenntnis zu sexueller Diversität an Joss Whedons Serie *Buffy – Im Bann der Dämonen*, die nicht nur in dieser Hinsicht TV-Maßstäbe gesetzt hat.

Willkommen im Höllenschlund: Der Vampir als Crossover-Spezialist

Stellen Sie sich vor, Sie erwachen eines Morgens in einem Musical: Die Straßenkehrer führen mit ihren Besen Stepptänze auf. Ein Anzugträger schmettert im Heldentenor eine Hymne auf das Reinigungsunternehmen, das den Senffleck aus seinem Sakko entfernt hat. Die Falschparkerin fleht in einer herzzerreißenden Arie den Verkehrspolizisten um Nachsicht an. Die Vampire aus der Nachbarschaft tanzen so leidenschaftlich, dass sie Feuer fangen. Und auch Sie selbst bleiben nicht verschont: Wann immer Sie etwas Kluges sagen wollen, fangen Sie stattdessen an zu singen – Herzlich willkommen an einem ganz normalen Tag in Sunnydale, Kalifornien, auch bekannt als der Höllenschlund, die Heimat von Buffy Summers, der Dämonenjägerin.

Joss Whedon denkt sich zwischen 1997 und 2003 in der Serie *Buffy – Im Bann der Dämonen* ständig solche kuriosen Dinge aus, nicht nur in der Musical-Episode »Once More With Feeling«, für die er selbst die Musik schreibt. Auch sonst ist man bei ihm nie vor irrwitzigen Einfällen sicher, mit denen er unverfroren das Fantasy- und Horror-Genre mit Komödien- und Dramenelementen durcheinanderbringt. Mal lässt er alle seine Helden durch einen üblen Zauber verstummen und eine ganze Episode lang ohne Worte gegen das Böse kämpfen (»Hush«). Mal tut er so, als sei eine tölpelhafte Nebenfigur der

Serie der eigentliche Held (»Superstar«). Mal trifft Buffy auf alten Vampiradel (»Buffy vs. Dracula«). Ein Schokoriegel macht aus Erwachsenen unreife Teenager (»Band Candy«), eine Biersorte aus Studenten Neandertaler (»Beer Bad«), eine nigerianische Maske aus Toten Zombies (»Dead Man's Party«).

Bevor Joss Whedon zum gefragten Hollywoodregisseur wird (*The Avengers*, *Batgirl*), erfindet er in *Buffy – Im Bann der Dämonen* trunksüchtige Trolle, liebestolle Werwölfe, zauberhafte Nerds, bösartige Bürgermeister, eine Stadt, in der jeden Tag Halloween ist. Und nebenbei kann man Buffy Summers (Sarah Michelle Gellar) beim Erwachsenwerden zuschauen: Die Serie beginnt mit ihrem ersten Tag an der Sunnydale Highschool. Buffy wirkt wie ein ganz normaler Teenager, freundet sich mit den Außenseitern Xander (Nicholas Brendon) und Willow (Alysan Hannigan) an, verliebt sich in einen mysteriösen Typen, der sich Angel nennt (David Boreanaz) und ein Vampir mit Seele ist, wird vom Schulbibliothekar Giles (Anthony Stewart Head) genervt, der allerdings ihr Geheimnis kennt: Buffy verfügt über übermenschliche Kräfte und ist auserwählt, die Menschheit vor Vampiren und anderen Dämonen zu beschützen. Sie wird immer wieder den Weltuntergang verhindern, mehrmals sterben (und wiederbelebt werden), und auf ihrem Grab wird einmal stehen: »She saved the world a lot.«

Das hübsche blonde Mädchen, das in Horrorfilmen eigentlich das Lieblingsopfer von Monstern jeglicher Art ist, wird in *Buffy – Im Bann der Dämonen* zur Heldin, die die Kreaturen der Nacht in Angst und Schrecken versetzt. Auch sonst erweist sich die Serie als unkonventionell. Weil es Joss Whedon versteht, in seinen Dialogen so viel Wortwitz, so viele Anspielungen auf Popkultur unterzubringen, dass einem allein schon beim Zuhören schwindelig wird; weil er hemmungslos mit

Fantasy-Versatzstücken experimentiert; weil er – lange vor und viel besser als *Twilight* – die betörende Geschichte einer letztlich unmöglichen Liebe zwischen einem Menschen und einem Vampir erzählt.

Buffy – Im Bann der Dämonen ist nur an der Oberfläche eine aberwitzige Vampirfantasie. Die Serie ist auch ein kluger, lakonischer Entwicklungsroman, bei dem all die Abenteuer, die Buffy Summers und ihre Freunde erleben, all die monströsen Erscheinungen letztlich typische Situationen symbolisieren, mit denen jeder beim Erwachsenwerden konfrontiert wird. Die von Quality-TV-Snobs viel zu oft übersehene Serie ist aber auch ein in Popkultur getunkter subversiver Angriff auf reaktionäre, autoritäre Tendenzen in der US-Gesellschaft, auf die Prüderie und Intoleranz der bigotten religiösen Fanatiker, ein postfeministischer Rundumschlag, ein Manifest der Diversität, eine Aufforderung zum Anderssein. Buffys Kosmos ist eine Welt, in der lesbische Hexen, reformierte Vampire, buddhistische Werwölfe und Mensch gewordene Rache-Dämoninnen friedlich zusammenleben. Ausgerechnet der Höllenschlund, der Monster jeglicher Art magisch anzuziehen scheint, erweist sich also als der Ort, an dem die Utopie einer freien, vorurteilsfreien Gesellschaft möglich ist.

Und noch etwas macht diese erstaunliche Serie zu einer stilprägenden Ausnahmeerscheinung: ihr durch und durch hybrider Charakter. Zum einen lässt sie sich auf kein Genre festlegen, vermengt Horror- und Fantasy- mit Slapstick- und Screwball-Comedy-Elementen, ist mal Actionspektakel, mal Coming-of-Age-Drama, mal Mystery-Thriller und verirrt sich sogar manchmal aufs Science-Fiction-Spielfeld. Zum anderen sind Joss Whedon Vampire nicht genug. Dass die Serie, die im Original *Buffy the Vampire Slayer* heißt, für den deutschen Markt in

Buffy – Im Bann der Dämonen umbenannt wurde, ist nicht ganz blöd. Schließlich sind Vampire nur eines der Probleme, mit denen sich Buffy Summers herumschlagen muss. Sie bekommt es eben auch mit uralten Dämonen aus allen Ecken der Welt, mit Werwölfen, Trollen, Hexen, Zombies, Robotern, Okkultisten und verrückten Wissenschaftlern zu tun. Diese Ausweitung und Öffnung der Fantasy-Topografie, also das Crossover, macht inzwischen den Kern fast aller Vampirgeschichten aus.

Obwohl solche Crossover-Muster seit den 1990er Jahren einen Boom erleben, heißt das nicht, dass es eine solche Vermischung der Genres und Dämonologien nicht schon früher gegeben hat. Richard Mathesons Roman *Ich bin Legende* (1954), der Comic *Vampirella* von Forrest J. Ackerman und Trina Robbins (seit 1969) oder Colin Wilsons Roman *Vampire aus dem Weltall* (1976) verwischen die Grenzen von Science-Fiction und Horror. Mario Bavas Trashfilm *Vampire gegen Herakles* (1961), William Beaudines Weird-Western *Billy the Kid vs. Dracula* (1966) oder Al Adamsons Horrorfilm *Dracula versus Frankenstein* (1971) bringen die Genres und deren Figurenarsenal eifrig durcheinander. Der auf übersinnliche Phänomene spezialisierte Scotland-Yard-Inspektor, der der Titelheld in der deutschen Groschenheft-Reihe *Geisterjäger John Sinclair* ist, bekommt es, bevor er sich später mit Zombies, Ghuls, Werwölfen, Frankensteins Monster, Jack The Ripper und Dr. Tod anlegt, im allerersten Band mit Blutsaugern zu tun. Der Titel des Hefts, das im Januar 1978 erscheint, lautet *Im Nachtclub der Vampire*. Und die *Vampire Hunter D*-Romane von Hideyuki Kikuchi und Yoshitaka Amano, die es seit 1983 in zahlreichen auch filmischen Ablegern gibt, vermengen Horror, Fantasy, Science-Fiction und Western.

Da der Vampir als Verwandler und Eroberer selbst eine hybride mythische Figur ist, wundert die stoffliche Entgrenzung, die inzwischen allgegenwärtig ist, nicht wirklich. Auch der Stephen-King-Comic *American Vampire* und Seth Grahame Smiths Roman *Abraham Lincoln, Vampire Hunter* vergnügen sich damit, Western- und Horrorgenre zu verschmelzen. Während der japanische *Blood – The Last Vampire*-Franchise seit dem Jahr 2000 virtuos-bluttriefend Monster- und Martial-Arts-Film kombiniert und die Vampirjägerin in eine Schuluniform steckt, machen zahlreiche TV-Serien inzwischen Vampire zu Helden von Krimi- und Detektivgeschichten: *Nick Knight – Der Vampircop* (1992–96), das *Buffy*-Spin-off *Angel – Jäger der Finsternis* (1999–2004), *Blood Ties – Biss aufs Blut* (2006), *Moonlight* (2007/08) oder die beiden südkoreanischen Serien *Vampire Prosecutor* (2011/12) und *Vampire Detective* (2016). Und seit den 1990er Jahren wird der Vampirstoff auch im Kino mehr und mehr als Action-Sujet behandelt. Das gilt beispielsweise für Robert Rodriguez' *From Dusk Till Dawn* (1996), die *Blade*-Trilogie (1998, 2002 und 2004), aber auch die *Underworld*-Reihe (2003, 2006, 2009, 2012, 2016), in der zudem – wie auch in *Buffy*, *Twilight*, Cassandra Clares Romanreihe *Chroniken der Unterwelt* (2007–14) oder in der britischen TV-Serie *Being Human* (2008–13) – Vampire und Werwölfe aufeinandertreffen. Und in der 3-D-Animationsfilm-Reihe *Hotel Transsilvanien* (2010, 2015 und 2018 – siehe das Plakat auf der Folgeseite) beherbergt Hoteldirektor Graf Dracula unter anderem den Yeti, das Ungeheuer aus der schwarzen Lagune oder die Gremlins.

Während sich das *Dracula*-Spin-off *Van Helsing* (2004) im Kino als alberne Action-Parade geriert, bei der auch Frankensteins Monster und Dr. Jekyll und Mr. Hyde vorbeischauen, inszeniert Neil LaBute seine *Van Helsing*-TV-Serie (2016–21) als postapokalyptische Dystopie: Die Welt wird von einer

Vampir-Pandemie heimgesucht und Vanessa Helsing (Kelly Overton), eine Nachfahrin des berühmten Abraham van Helsing, kämpft mit einer Gruppe Überlebender gegen die Übermacht an untoten Monstern. Der Vampirismus wird als Seuche interpretiert und die Befallenen gleichen nicht mehr den einsam und heimlich im Dunkel der Nacht jagenden Vampiren der Literaturgeschichte, sondern den gefräßigen, in Horden auftretenden Zombies, die einem zuletzt ständig in Endzeit-Filmen und Serien wie *The Walking Dead* (2010–22), *World War Z* (2013), *Z Nation* (2014–18), *Fear The Walking Dead* (2015–23) begegnen. Auch Justin Cronins erzählwütige *Übergang*-Romantrilogie, die aus den Bänden *Der Übergang* (2010), *Die Zwölf* (2012) und *Die Spiegelstadt* (2016) besteht, interpretiert den Vampirismus radikal unromantisch, erklärt diesen zu einer (in Militärlabors entwickelten) Seuche, die die Menschheit in nicht allzu ferner Zukunft fast vollständig ausrottet, und macht aus den Vampiren tumbe Zombies.

Dagegen wirken die dekadenten Vampire, die einem in Ryan Murphys Anthologie-Serie *American Horror Story* (seit 2011) begegnen, die zähnefletschenden Monster aus *Penny Dreadful* (2014–16) oder der irische Vampir, der in *Preacher* (2016–19) andere Blutsauger mit Rotweinflaschen pfählt, fast schon angenehm altmodisch. Als die beste und anspruchsvollste Vampir-Crossover-Aufbereitung der letzten Jahre darf aber trotzdem die Serie *True Blood* gelten, die einen virtuosen Gegenentwurf zum *Twilight*-Kitsch darstellt: eine Southern-Gothic-Mär für Erwachsene, eine Sex-Blut-und-Schweiß-Serie, die sieben Staffeln lang von Vampiren, Werwölfen, Feen und Dämonen, vor allem aber von Diskriminierung erzählt.

Mit dem amerikanischsten aller Feste wird *True Blood* zu Ende gehen – mit einem opulenten Thanksgiving-Mahl; einer Feier, bei der es keine Rolle spielt, ob die Gäste, die am Tisch Platz nehmen, schwarz oder weiß sind, ob sie Männer sind, die Männer lieben, oder Frauen, die Frauen lieben, ob sie Vampire, Feen, Gestaltwandler sind. Das Schlussbild zeigt sie alle als eine große glückliche Familie. Die Serie *True Blood*, die sich zuvor immer wieder als düstere, makabre, vulgäre und oft ganz und gar nicht jugendfreie Vampirsaga aus der schwülwarmen Einöde im Süden der USA gefallen hat, wird auf einmal (wie zuvor schon *Buffy – Im Bann der Dämonen*) zur Sozialutopie, die vorführt, dass ein Miteinander doch möglich ist, wenn man sich ein bisschen Mühe gibt.

So versöhnlich mit einem herrlich biederen Fest der Normalität verabschiedet sich nach 80 Episoden *True Blood* aus dem Fernsehprogramm. Nur vordergründig geht es in der Serie um die tragische Liebesgeschichte zwischen der Kellnerin Sookie (Anna Paquin) und dem Vampir Bill (Stephen Moyer). Die gerne trashig Fantasy-, Gore- und Softporno-Elemente vermengende Serie lasse sich »über weite Strecken als eine überdeutliche Metapher auf den Kulturkampf begreifen, der die Anerkennung und die rechtliche Gleichstellung von Homosexuellen in den USA begleitet«, schreibt die Journalistin Christina Nord. Alan Ball (*Six Feet Under*) macht in *True Blood,* ausgehend von Charlaine Harris' *Sookie Stackhouse*-Buchreihe, Blutsauger zu Protagonisten eines großen Gesellschaftsromans, interpretiert den Vampirmythos nicht psychologisch, sondern soziologisch. Die Fabel über Ausgrenzung und Vorurteile spielt nicht zufällig in Louisiana, wo Diskriminierung Tradition hat. In der Parallelwelt, die Ball erschaffen hat, sind es allerdings Vampire, die für ihre Gleichberechtigung kämpfen. Nachdem Forscher Kunstblut (»True Blood«) erfunden haben, müssen Vampire keine Menschen mehr beißen, um ihren Blutdurst zu stillen. Immer mehr Vampire geben sich als solche zu erkennen, haben ihr Coming-out. Doch die noch empfindliche Koexistenz zwischen Menschen und Vampiren wird immer wieder auf die Probe gestellt. Zum einen von Vampiren, die weiterhin kraftvoll zubeißen wollen, zum anderen von solchen Menschen, die allen, die anders sind, zutiefst misstrauen. Sie werden Vampire sogar in eine Art KZ stecken, mit ihren Experimenten aber kläglich und grausig scheitern.

Was *True Blood* erstaunlich, aber auch immer wieder anstrengend macht, ist, wie virtuos mit sehr vielen verschiedenen Bedeutungsebenen gespielt wird. Die Diskriminierungsparabel ist nur ein Element dieser fantastischen Pastiche: Die Vielzahl an Subplots hat – wie Nord treffend beschreibt – dafür gesorgt, »dass man, wenn man sich für die Analogie zur schwul-lesbischen Bürgerrechtsbewegung interessiert, trotzdem die Hetero-Schmonzette zwischen Bill und Sookie ertragen muss. Wer dunklen Vampir-Grusel erhofft, landet plötzlich in einer lichtdurchfluteten Feen-Fantasy, wer eine Auseinandersetzung mit der Bigotterie von *small town America* erwartet, muss sich von Werpanthern [das *True Blood*-Gegenstück zum Werwolf] ablenken lassen, und wer sich einfach nur unterhalten lassen möchte, den erinnert der Ifrit [ein arabischer Feuergeist] an Kriegsverbrechen, die US-amerikanische Soldaten im Irak begangen haben«.

Seit um die Jahrtausendwende ein neues Goldenes Zeitalter des Fernsehens angebrochen ist und sich TV-Serien als erzählerisches Experimentierfeld etabliert haben, wird dort auch der Vampirstoff kreativ weiterentwickelt. Trotzdem: Schon vor *True Blood* und sogar vor *Buffy – Im Bann der Dämonen* stürzten sich im Fernsehen Menschen, Vampire und Werwölfe in verhängnisvolle Liebesaffären, irrten durch die Melodramen eines mystisch aufgeladenen Familienlebens. Die Gothic-Soap-Opera *Dark Shadows* wagte es bereits im Jahr 1966, im US-Fernsehen Seifenoper und Schauerroman aufeinanderprallen zu lassen: *Gute Zeiten, schlechte Zeiten* trifft auf *Dra-*

cula. Die Serie, die bis 1971 lief und es auf 1225 Folgen brachte, genießt heute Kultstatus. 2012 nimmt sich Tim Burton des Stoffes an und schafft mit seiner *Dark Shadows*-Kinoversion eine Hommage und Parodie zugleich – einmal mehr führt er vor, dass uns Vampire nicht nur das Fürchten lehren, sondern auch zum Lachen bringen können.

Tot aber glücklich: Der Vampir als Lachnummer

Seinem Film *Dark Shadows* stellt Tim Burton einen Gothic-Novel-Prolog voran: Während einem Bruno Delbonnels entfesselte Kamera und Danny Elfmans quirlig-zappeliger Soundtrack die Sinne durcheinanderwirbeln, erfährt man, wie der Collins-Clan einst aus Liverpool in die Neue Welt aufbrach und in Maine ein Fischerei-Imperium aufbaute; man erlebt mit, wie sich Barnabas Collins (Johnny Depp) in Josette (Bella Heathcote) verliebt, aber Angelique (Eva Green) verschmäht, die eine Hexe ist und Barnabas in einen Vampir verwandelt und in einem Sarg lebendig begraben lässt.

Erst 200 Jahre später kommt er frei. Nun, wir befinden uns im Jahr 1972, beginnt die eigentliche Geschichte: Barnabas will das heruntergekommene Familienunternehmen retten, glaubt in der Gouvernante Victoria seine geliebte Josette wiederzuerkennen und muss feststellen, dass Angelique immer noch ihre bösen Spiele spielt. Und kaum ist Barnabas im 20. Jahrhundert angekommen, verwandelt sich auch die Ästhetik des Films. Das kalte Blau der Eröffnung macht nach und nach der prallen Farbigkeit der 1970er Platz, Elfmans orchestraler Score muss Liedern von The Moody Blues, den Carpenters, Donovan, T. Rex oder Barry White weichen.

Und auch wenn Barnabas Collins nach wie vor einen überaus antiquierten Sprachduktus pflegt (»Zeige dich, Satan, verspotte mich nicht mit deiner seltsamen Laterne«, empört er sich beispielsweise, als ihn erstmals der Scheinwerfer eines entgegenkommenden Autos blendet), so zitiert er nun nicht mehr Monologe aus Goethes *Faust*, sondern *The Joker* von der Steve Miller Band. Tim Burtons *Dark Shadows* ist auch eine Verneigung vor der Popkultur der 1970er. Burton lässt Barnabas zwischen Makramees und Lavalampen zum verstohlenen Heimorgelbeat über die Freiheit der Liebe lamentieren. Er lädt Alice Cooper zu einer Party auf den Landsitz Collinwood ein, Christopher Lee hat einen Gastauftritt als Schiffskapitän. Und *Dark Shadows* führt zudem exemplarisch vor, wie aus einer Gruselgeschichte eine Komödie werden kann.

Die Lust am Grotesken, Morbiden, Abwegigen, mit der Tim Burton den Film inszeniert, begegnet einem immer wieder in Vampirkomödien und -parodien. »Weil Vampire übertriebene Züge der Menschen zur Schau stellen, in deren Gesellschaft sie parasitär existieren, können ihre grotesken Eigenschaften von Horror in Humor umkippen«, schreibt Erik Butler und fasst damit die Idee zusammen, die eigentlich hinter jeder Vampirkomödie steckt. Zum Beispiel hinter Roman Polanskis *Tanz der Vampire* (1967). Der Film folgt Professor Abronsius (Jack MacGowran) und seinem Adepten Alfred (Roman Polanski) in die Südkarpaten. Man landet schließlich auf dem Schloss des Vampirgrafen Krolock (Ferdy Mayne). Krolocks schwuler Sohn Herbert (Iain Quarrier) verliebt sich in Alfred, doch dieser himmelt die schöne Wirtstochter Sarah (Sharon Tate) an. Bevor Abronsius, Alfred und Sarah, die längst selbst Vampir ist, mit einem Schlittengespann durch die winterliche Vollmondnacht fliehen, wird mal in der Gruft, mal auf Zinnen, mal im

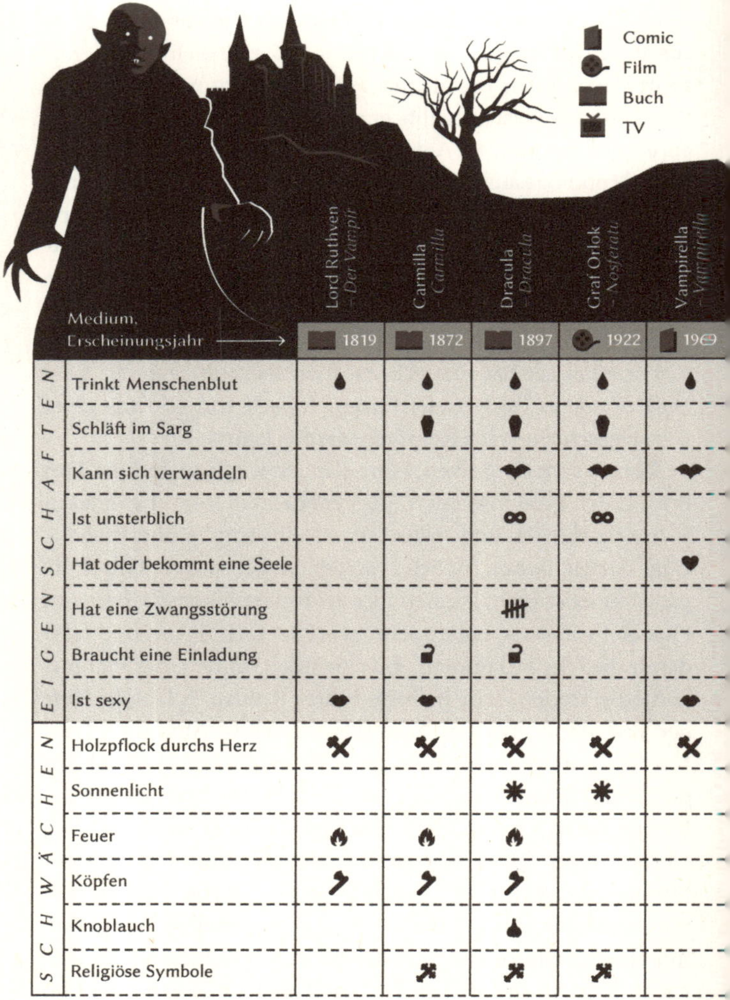

Comic
Film
Buch
TV
Lord Ruthven – Der Vampir
Carmilla – Carmilla
Dracula – Dracula
Graf Orlok – Nosferatu
Vampirella – Vampirella
Medium, Erscheinungsjahr
1819
1872
1897
1922
EIGENSCHAFTEN
Trinkt Menschenblut
Schläft im Sarg
Kann sich verwandeln
Ist unsterblich
Hat oder bekommt eine Seele
Hat eine Zwangsstörung
Braucht eine Einladung
Ist sexy
SCHWÄCHEN
Holzpflock durchs Herz
Sonnenlicht
Feuer
Köpfen
Knoblauch
Religiöse Symbole

Wo sie herkommen, was sie können – und was sie tötet*

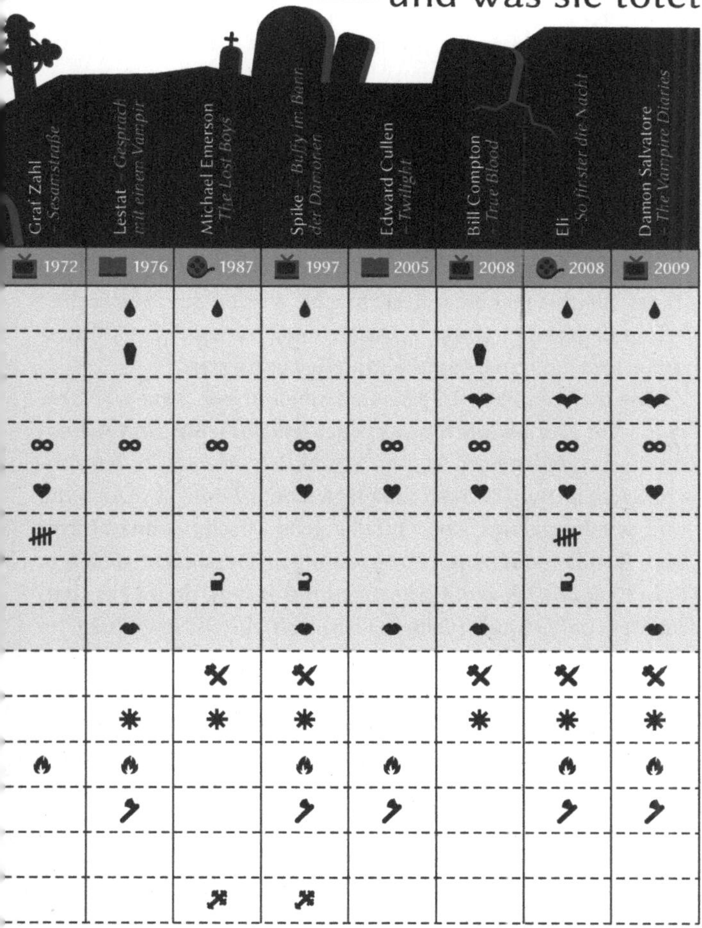

*Nicht in allen Werken werden eindeutige Aussagen über Eigenschaften und Schwächen gemacht und bei einigen Figuren ändern sich die Charakteristika im Verlauf der Handlung.

Ballsaal des Schlosses herumgealbert und ständig tauchen irgendwo erfroren-erstarrte Körper auf. Die Filmkomödie *Tanz der Vampire* (die es seit 1997 auch als Bühnenmusical gibt) greift Subtexte parodistisch auf, die durch die Vielzahl an vorausgehenden Vampirfilmen als bekanntes Narrativ vorausgesetzt werden können – Homoerotik, Dekadenz, Opulenz, stereotype Handlungsmuster und Figuren.

Selbst Woody Allen hat bereits das komische Potenzial des Vampirs ausgebeutet. Allerdings nicht in einem Film, sondern in einer Kurzgeschichte. In *Graf Dracula* (1971) erzählt Allen von einem Vampir, der von einer Sonnenfinsternis in seinem Tagesablauf durcheinandergebracht wird. Amy Heckerling bringt dagegen in *Vamps – Dating mit Biss* (2012) das Vampirtopos und die romantische Komödie zusammen.

Die meisten Vampirkomödien arbeiten sich zwar wie *Dracula – Tot aber glücklich* (1994) oder *Beilight – Biss zum Abendbrot* (2010) episodisch und nicht wirklich originell an bekannten Szenen und Motiven vorausgehender Filme ab. Doch hin und wieder gelingt eine einfallsreiche Mischung aus Horror und Komik samt einer eigenständigen Geschichte. Etwa in Stan Dragotis *Liebe auf den ersten Biss* (1979), in der ein charmanter Graf Dracula (George Hamilton) durch New York City irrt; in der schrillen tschechischen Horrorparodie *Der Autovampir* (1981) von Juraj Herz, in der es um einen Sportwagen geht, der statt mit Benzin mit dem Blut seiner Fahrer fährt; in Tom Hollands *Die rabenschwarze Nacht – Fright Night* (1985), bei der sich ein Nachbar als Blutsauger erweist; oder in der neuseeländischen Mockumentary *5 Zimmer Küche Sarg* (2014) von Jemaine Clement und Taika Waititi, die von den ganz alltäglichen Problemen in einer Vampir-WG erzählt.

Damit sie auch morgen noch kraftvoll zubeißen können

Sie leben also in neuseeländischen Wohngemeinschaften und streiten sich darum, wer mit dem Abwasch dran ist. Sie hausen in serbischen Dörfern, in Schlössern in den Karpaten, ziehen in Herrenhäuser in London ein, schlurfen durch kalifornische Kleinstädte. Sie schlafen in uralten Gruften in der Steiermark, verstecken sich in schwedischen Trabantenstädten, genießen ihr Leben in luxuriösen Apartments an der Upper West Side in Manhattan. Sie sind grässlich-hässliche Monster, smarte Verführer, Aristokraten, Rebellen, uralte Dämonen, wilde Biester oder bleiche Teenagerknilche.

Der Vampir lauert uns immer und überall auf. Er ist das Chamäleon unter den Ungeheuern, ein Mythenmix, der sich in alles verwandeln und alles verschlingen kann. Er kann für unsere Habgier, unsere Unersättlichkeit, unsere geheimen Sehnsüchte, unsere dunklen Fantasien stehen, für die hedonistische Singlegesellschaft, für den Raubbau, den wir an der Natur betreiben, für weibliche Selbstverwirklichung oder patriarchalische Strukturen, für ödipale Fantasien oder Askese, für politischen Umbruch oder das reaktionäre Regime, er ist mal Imperialist, mal Revoluzzer, und immer, wenn man einen Augenblick nicht aufgepasst hat, hat er schon wieder die Seite gewechselt.

Er ist das Universalmonster unserer Zeit – und ein hartnäckiges Biest. Die Geschichte des Vampirs kann man auch als die Geschichte einer immer wiederkehrenden Epidemie erzählen. Die erste fand in Südosteuropa Anfang des 18. Jahrhunderts statt und hatte mit Aberglauben zu tun. Die zweite erfasste Europas Metropolen nach der Veröffentlichung von John Polidoris Erzählung *Der Vampyr* in den 1820er Jahren, als zahllose Bearbeitungen des Stoffs auf die Bühnen drängten und schließlich Groschenhefte füllten. Die dritte löste Bram Stokers Roman *Dracula* im Kino des 20. Jahrhunderts aus, das aus dem europäischen Monster ein amerikanisches machte. Für die vierte war schließlich Stephenie Meyers Jugendbuchsaga *Twilight* verantwortlich, die den Vampir Anfang des 21. Jahrhunderts domestizierte. Doch irgendwo ist gerade bestimmt schon wieder die nächste Epidemie im Entstehen.

Um den Vampir müssen wir uns keine Sorgen machen. Auch wenn die Popkultur den Zombie derzeit zu ihrem Lieblingsschreckgespenst ernannt hat. Der Vampir wird zurückkehren. Vielleicht ist er schon zurück. Er kommt immer wieder. Das weiß jeder, der schon einmal einen Vampirfilm gesehen hat. Das wusste auch der kleine Junge sofort, nachdem ihm in *Dracula jagt Mini-Mädchen* das erste Mal einem Vampir begegnet war. Und manchmal, wenn die Nacht am tiefsten ist, bilde ich mir heute noch ein, in meinem Schlafzimmer Graf Draculas spitze weiße Zähne im fahlen Mondlicht aufblitzen zu sehen.

Lektüretipps

Achilles, Jochen: Sheridan Le Fanu und die schauerromantische Tradition: Zur psychologischen Funktion der Motivik von Sensationsroman und Geistergeschichte. Tübingen 1991.

Auerbach, Nina: Our Vampires, Ourselves. Chicago 1995.

Bertschik, Julia / Tuczay, Christa Agnes (Hrsg.): Poetische Wiedergänger. Deutschsprachige Vampirismus-Diskurse vom Mittelalter bis zur Gegenwart. Tübingen 2005.

Bohn, Thomas M.: Der Vampir. Ein europäischer Mythos. Köln 2016.

Borrmann, Norbert: Vampirismus. Der Biss zur Unsterblichkeit. München 2011.

Brittnacher, Hans Richard: Ästhetik des Horrors. Gespenster, Vampire, Monster, Teufel und künstliche Menschen in der phantastischen Literatur. Frankfurt a. M. 1994.

– Phantasmen der Niederlage: Über weibliche Vampire und ihre männlichen Opfer um 1900. In: Bertschik/Tuczay 2005.

Butler, Erik: Metamorphoses of the Vampire in Literature and Film. Cultural Transformations in Europe, 1732–1933. New York 2010.

Chotjewitz, Peter O.: Der Vampir. Theorie einer Mythe. In: Der Merkur, Heft 08, Stuttgart 1968.

Copper, Basil: Der Vampir in Legende, Kunst und Wirklichkeit. München 1974.

Dresser, Norine: American Vampires. Fans, Victims and Practitioners. New York 1989.

Harmening, Dieter: Der Anfang von Dracula: Zur Geschichte von Geschichten. Würzburg 1983.

Haumann, Heiko: Dracula. Leben und Legende. München 2011.

Jänsch, Erwin: Das Vampir-Lexikon. München 2000.

King, Stephen: Danse Macabre. New York 1983.

Klell, Christine / Deutsch, Reinhard: Dracula – Mythen und Wahrheiten. Ein Handbuch der Vampire. Wien 2010.

Köppl, Rainer M. (Hrsg.): 100 Jahre Dracula. Wien 1998.

Nord, Christina: True Blood. Zürich 2015.

Praz, Mario: Liebe, Tod und Teufel – Die schwarze Romantik. München 1963.

Ruthner, Clemens: Untote Verzahnungen. Prolegomena zu einer Literaturgeschichte des Vampirismus. In: Bertschik/Tuczay 2005.

Skal, David J.: V is for Vampire: The A-Z Guide to Everything Undead. New York 1996.

Sturm, Dieter / Völker, Klaus (Hrsg.): Von denen Vampiren oder Menschensaugern. Dichtungen und Dokumente. München 1968.

Weiss, Andrea: Vampires and Violets. London 1992.